你不必和每個人都合拍

在人際相處中保持「剛剛好」的距離，安心做自己

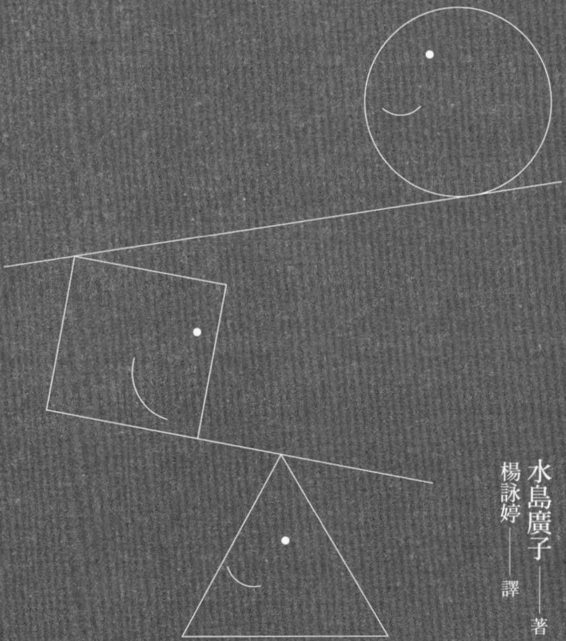

水島廣子——著
楊詠婷——譯

♥ 安心推薦

水島醫師是人際關係療法的專家，在她的思想中，我常會看見自己沒有注意到的點，因為心有所得而愉悅。面對不合拍的人，作者提出了轉念與對應的方式，與其在陷入關係困境後，想要改變對方或討好忍讓，徒然浪費時間與精力，也讓對方沒辦法學會為自己負責，不如藉著觀察，慢慢了解對方的個性與處境，界定彼此的領域，用平常心看待關係不順的狀態，把屬於對方的責任還給他，也把跟對方虛耗的能量拿來建設自己，保有自我成長的步調。

——臨床心理師 **洪仲清**

生活就是江湖，江湖難免有恩怨，一旦遇到不對盤的對象，總會使人心累，而解決之道就在於施力得當。水島醫師提醒我們，人際困擾需要適切處理，別急於強勢控制或委屈求全，而是要先接納「不合拍」的感受，並且細心呵護自己。書中透過分析、深掘問題根源，引導讀者將人際江湖看得透徹，進而冷靜應對各種相處困境，避免陷入負面情緒。確認好了每份關係中的問題歸屬，便能和他人保持平衡舒服的互動距離，安心、穩步地持續前行。

——諮商心理師 **李家雯（海蒂）**

碰上不合拍的人，往往憋著一肚子氣，還會為這樣的困窘相處越糾結越焦慮。而水島醫師給了我們很重要的建議——承認吧！覺得「不合拍」也沒關係，光是接受這個事實，對於關係的鬆綁就有很大幫助。不要過度在意對方，先好好照顧自己；暫時不接觸也無妨，這不是逃避、也不是懦弱，而是給予自己適當的安撫。這本書雖然輕快易讀，但要融會貫通成為自己心理 DNA 的一部分，還是建議大家多看看，最好看到能將書中的概念與方法都變成反射動作，習慣成自然地把人際界線畫出來，也將從容自在留給自己。

——説書人、書評 YouTuber **NeKo 嗚喵**

前言

獻給想跟他人自在相處的你

水島廣子

每個人應該都有「覺得不合拍、不對盤、看不慣，而感到困擾、難以相處的人」——

每次說話都被他觸怒的人。
態度驕傲、高高在上的人。
不知道在想什麼的人。
情緒起伏劇烈的人。
缺乏常識的人。
似乎總是在避開自己的人。

莫名親近不起來的人。

或者沒來由地，就是「覺得對方不對盤，而深感棘手」……

身邊如果有「不合拍的人」，一定很辛苦吧。

只要對方一靠近，就渾身警戒、煩悶抑鬱，明明還有工作上的事要討論，卻沒辦法跟對方好好說話……

「不合拍之人」的存在，代表的不只是「很難跟對方相處」，還會發展成「只要對方在場就不舒坦」、「包含對方在內的關係網都想避開」。最終導致的結果，就是使我們的人生品質受到損害。

本書將會帶著大家逐步分析各種類型的「不合拍對象」，思考「感到困擾」的根本原因，最後再提供未來如何與這些人更輕鬆、自在相處的方法。

我是專研「人際關係療法」（已經由科學證實對憂鬱症有效）的精神專科醫師。許多患者在接受這種精神療法後，就不會只是將人際關係看成讓自己生病的壓力來源，而是能夠理解，只要懂得掌握這些關係，就會從中獲得治癒疾病的力量。

為什麼這項療法會有如此重大的效果？

這是因為它不只能「消除與特定他人之間的壓力」，更能讓人體會到「自己是擁有力量的」。

體會到「自己是擁有力量的」，我們就不會再自貶為受人際關係操弄的無能者，反而得以實際改善問題、或是借助他人力量調整現狀；就算暫時無法扭轉局勢，也能有一笑置之的底氣。

本書最想達成的，也就是這樣的「效果」。

思考如何自在地面對「不合拍的人」，除了能軟化、調適彼此的關係，或許還能從中找到契機，讓我們體會到「自己是擁有力量的」。

聽到「不合拍的人」，腦中就明確浮現出「真希望某人可以消失」的念頭，或即使不到這個程度，但還是希望能與他人更自在相處的你……

希望這本書能給予大家實質、受用的幫助。

STEP 3

是「真不合拍」還是「假不合拍」？

——陌生的第一次總是會有違和感

Contents

STEP 4

培養「放過力」，重獲「掌控感」
——放下論斷，怒氣自消

STEP 5 聰明應對，保持「剛剛好」的距離

——尊重各自的「領域」，問題迎刃而解

Contents

STEP 6

別成為「他人的不合拍對象」
——讓所有人都願意支持你

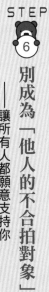

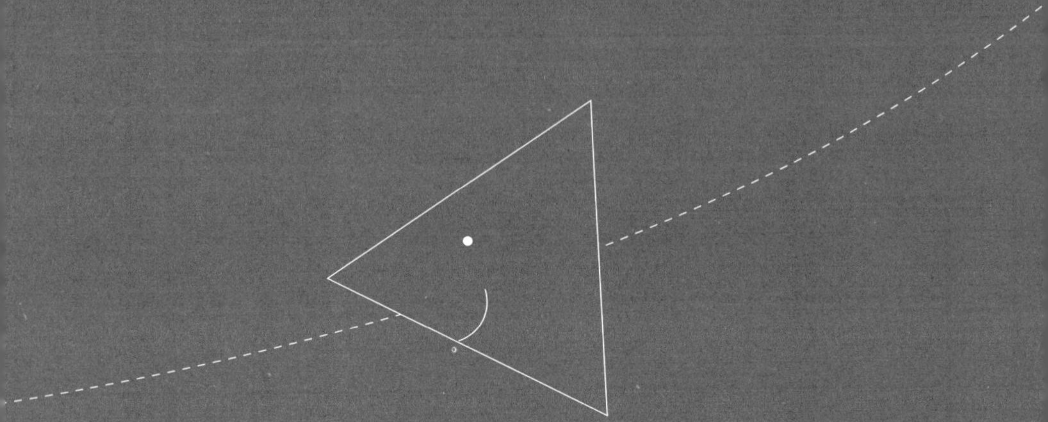

Prologue

別讓「不合拍的人」擾亂人生

讓自己活得更清爽、更自由

「不合拍的人」往往讓我們窮於應付、困擾不已，
甚至一跟對方相處，就會精神緊繃、渾身不自在。
而想避開他們的心情，也會限制住我們的選擇，
縮減了人生的可能性，同時又繼續生成更多壓力……

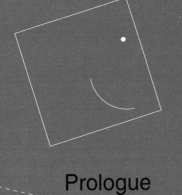

●「不合拍的人」，奪走了我們的自由

提到「不合拍的人」，除了會讓人想到直屬上司、合作窗口、同部門的新人或一起住的婆婆等特定對象外，有時候也包括過度強勢、心態悲觀，或是心思難測等「某種類型或性格」的人。

此外，像是「對店員不禮貌的男友」、「過度關心的母親」，我們也可能「只是對對方的某些態度或特質」難以適應和接受，而深感困擾。

單單只是覺得跟他人「不合拍」而窮於應付，就會給自己帶來不少壓力；很多人甚至一接觸到這樣的對象，就會精神緊繃、焦慮不已。

身邊有「不合拍的人」已經夠討厭了，有些人還會因為有了「困擾」的感覺，而開始責備自己、嫌惡自己，結果製造出更多的壓力。

然而，「不合拍」所帶來的問題還不止於此。

不只帶來壓力，也造成限制

你有過這樣的經驗嗎？——

只要「不合拍的人」在某處，就不想到那裡去。

為了不想看見某人「讓人不順眼、不舒服的行為」，就乾脆避開所有與對方相關的人事物。

這是「不合拍」造成的最大問題，也是最顯著的特徵——**「不合拍」所導致的困擾不只會帶來壓力，更會讓我們變成不自由的存在。**

「和某人不合拍」，明明只是個單純的現象，卻有著出人意表的強大力量，使得對方所到之處，都讓我們「難以適應、困擾不已」。

舉例來說，當大家在討論要不要一起去喝酒，自己卻要看那個「不合拍的人」會不會去才能決定。這時候，決定「要不要去喝酒」的自由，就被這個「不合拍的人」限制住了。

有時候，「不合拍的人」還會使我們無法如己所願，做原本想做的事。也有人甚至只因為一個「不對盤的人」，就此離開了沒有其他問題的職場。

當然，這個問題的嚴重性，也要取決於這個「不合拍的人」距離我們有多近，以及我們能夠遠離對方到何種程度為止。

例如，自己最不合拍的對象如果是直屬上司，就很糟糕了，這時真的會讓人很想大喊：「我的人生好困擾啊……」更別說還有人最不對盤而難以好好相處的對象，就是自己的父母親。

解碼「不合拍」的成因，從關係中解套

「不合拍之人」的存在，也會影響我們與他人的關係。最常見的狀況，就是我們覺得某人「不合拍」，身邊親近的人卻沒有相同的感受，而且他們彼此可能還有往來，所以一旦有團體活動，我們就不得不和對方一起參與。

這樣的處境實在很難讓人放鬆，更別說是樂在其中了。

這種狀況如果經常發生，我們就等於一直在累積壓力，到最後不是開始自責，「自己的心胸怎麼如此狹窄」，就是轉而遷怒無法和自己感同身受的熟人或好友。

即便如此，一般人也很難直接說出「我跟那個人不合拍，所以不要找他」這樣的話，事態於是更沒有機會改善。

就這樣，「不合拍的人」超越了「只是有這樣一個人存在」的意義，對我們的人生造成了負面的影響。

姑且先別提「不合拍的人」本身帶來的壓力，想避開他們的心情，也會限制住我們的選擇，縮減了人生的可能性，同時又累積更多壓力……要是沒有好好處理「不合拍的人」引發的困擾情緒，所造成的後果將不容忽視。

就算不合拍，也可以平心靜氣看待

「不合拍之人」的存在，不但帶來了壓力，還會奪走我們的自由，為了解決這個非同小可的問題，本書會從 STEP 1 開始，逐步帶著大家思索、理解這個狀況，並且學習如何從「不合拍、不對盤的困擾」中解套。

透過這樣的過程，可以讓大多數「不合拍的人」，不再成為「你的麻煩和困擾」。

也就是說，我們將能減少自己人生中「不合拍之人」的數量。

「不合拍的人」，
讓人生變得好辛苦

我不喜歡
跟小間說話
小間讓我
好困擾
也不喜歡跟他
很要好的阿熊
我討厭不能和小間
好好相處的自己
不想待在有
他們兩個的公司
我討厭自己
這樣的人生

不過，世上沒有人是完美的，就算讀完本書，生活中也一定還有「不合拍的人」存留著，因為人終究還是會有相處不來的對象。

但是，**只要我們能平心靜氣地看待、面對「不合拍的人」，就會活得比現在更自由。**

那時我們在人生中所感受到的寬闊與解放，是以往面對「不合拍的人」完全不曾有過的心境。為了達成這個境界，就算覺得有點麻煩，也希望大家能按部就班，從 STEP 1 開始閱讀。

本書的效用

STEP 1
解碼「不合拍」的成因

STEP 2
減輕現有的「不合拍困擾」

STEP 3
檢驗「不合拍」的真假

STEP 4
停止在意「不合拍的人」

STEP 5
學會與「不合拍的人」自在相處

STEP 6
讓「不合拍的人」願意支持自己

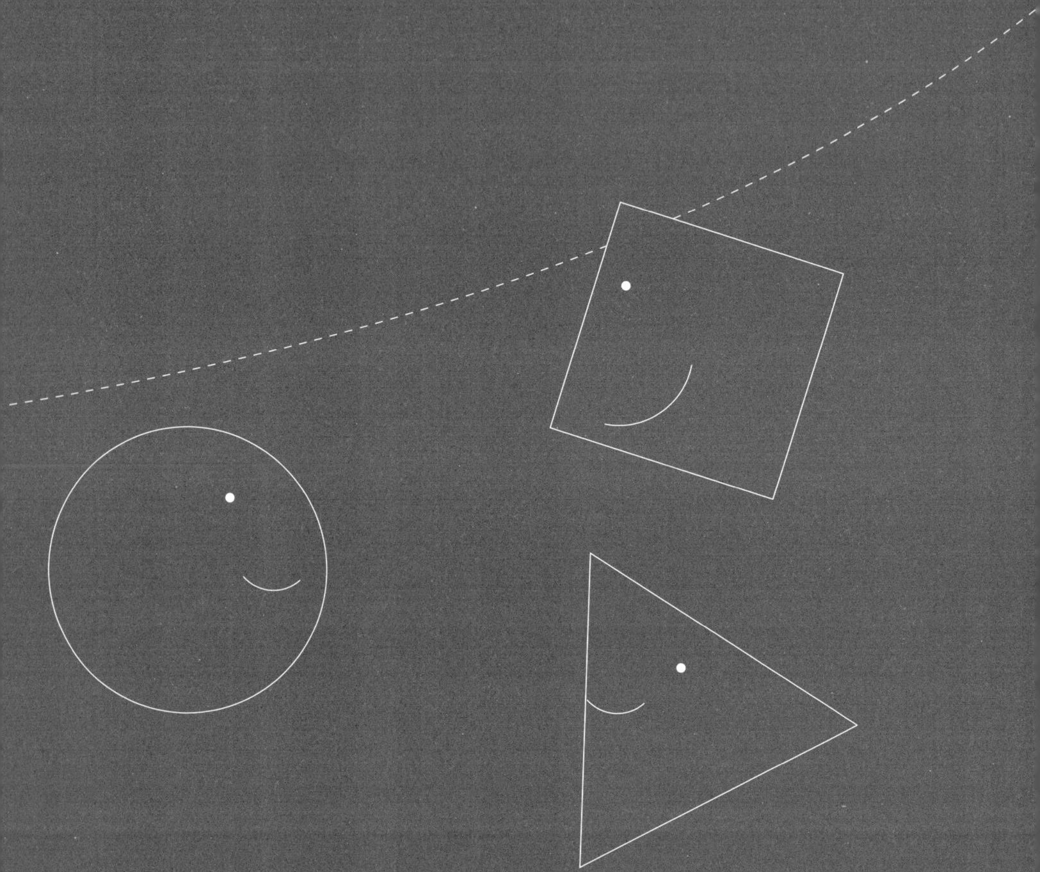

STEP 1

為什麼我會跟「那個人」不合拍？

是因為「無法控制」的感覺

無法控制對方和我們保持距離，不過來糾纏；
無法控制雙方能在合情合理的狀況下進行溝通；
就算再有耐心，也無法讓對方理解……
因為感覺到「無法控制」對方的言行和事態的發展，
才有了「不合拍、不對盤的困擾」。

「不合拍」的感受從何而來？

「我跟那個人處不來」、「那個人的〇〇部分很讓我困擾」……就像這樣，我們常會在人際相處的情境中，覺得和某人「不合拍、不對盤而感到困擾、窮於應付」。

這種「不合拍」的困擾，有時是來自「對方總是酸言酸語」、「經常被硬塞工作」等伴隨實質傷害的問題，有時也可能是「對方個性太 high」、「服裝品味奇怪」這種簡單的情境，還有時則是「不知所以」，就是「莫名地」覺得不舒服、不對盤，狀況不一而足。

人在這麼多時候都會產生「不合拍」的困擾，卻很少有人認真思考過，這種情緒的根源到底是什麼。

本書的目標，是要幫助大家跟「不合拍的人」自在相處，因此我們首先就要好好探究、理解這種「不合拍的困擾」所為何來。畢竟知己知彼，才能找出因應對策。

為什麼「醉漢」令人困擾？

我們可以藉由「令人困擾的醉漢」這個例子，來理解「不合拍」這種困擾感的本質。

醉漢有哪些地方讓人覺得「困擾」呢？

糾纏不清；不知道自己給別人帶來麻煩；渾身散發酒臭味；不懂得保持距離；不在乎旁人的厭惡；胡亂找碴；不講道理；無法正常溝通；蠻橫霸道；舉止無度；言行難以控制；不知道什麼時候會發飆暴走……

總之，醉漢身上可說是集結了所有讓人「覺得不合拍而困擾」的要素。

只不過，為什麼這樣的人會讓我們「覺得不合拍而深感困擾」呢？

因為對方讓我們產生「無法控制的感覺」。

無法控制對方不過來糾纏。無法控制對方不渾身散發酒臭味。

無法控制對方和自己保持距離。就算厭惡，也無法控制對方的言行。

無法控制雙方能在合情合理的狀況下進行溝通。

就算再有耐心，也無法讓對方理解。

也就是說，我們無法控制對方來理解我們。

因為感覺到自己「無法控制」對方的言行及現場的態勢，而產生了「不合拍的困擾」。

其實，「因為無法控制而產生不合拍的困擾」，這種狀況不只會在我們面對醉漢時出現，而是在所有「不合拍、不對盤的情境」中都會出現。

「不合拍的情境」看似各種各樣，但只要細心觀察，就會發現最根本的源頭，都是來自「無法控制的感覺」。接著我們就來看看，在各種類型的「不合拍」情境中，究竟隱藏了哪些「無法控制」的部分吧！

因為控制不了，所以感到困擾

●隨意論斷讓人「惱火」——侵害「領域」的人①

例／「你也討厭這樣吧！」最受不了這種擅自論斷別人想法的人。

很多時候，當別人單方面斷定「你也是○○吧」，我們往往會惱怒不悅、心生抗拒。

為什麼會有這種反應呢？

這主要是跟「領域」的問題有關。

我們每個人，都擁有唯獨自己才知道、才了解的「領域」。

與生俱來的特質、成長環境、周遭遇見的人們、迄今的經歷、近來的壓力、當天的心情……日復一日，我們都在這個「領域」裡，努力地活著。

我們喜歡什麼、或討厭什麼的判定基準，也是屬於這個「領域」。

因此，**當別人隨意論斷只有我們自己才了解的「領域」，就等於是「侵害了我們的領域」**。

換言之，一聽到別人斷定自己「也是〇〇吧」，我們就會覺得：「那是只有我才能決定的事吧！」這是我們在自身的領域遭受侵害時所產生的抗拒感，希望對方能「滾出去！」。

「論斷」潛藏著兩種暴力

這種侵害所引發的不只是「抗拒感」而已，當別人侵入我們的領域，還毫不客氣地任意批判，往往都會造成創傷的體驗。

因為在這個私密的自我「領域」裡，包含著許多脆弱的要素。

所謂「成熟的關係」，應該是互相尊重彼此的「領域」，同時進行良好的溝通交流。

因此，不尊重對方的「領域」，直接侵門踏戶、還隨意指手劃腳，這種惡劣的行為已經算得上是一種暴力了。

也就是說，「隨意論斷他人」這種「領域的侵害」，既是「擅自闖入」的「形式暴力」，也是「造成創傷」的「情感暴力」。

●強迫他人讓人「不耐」——侵害「領域」的人②

例／「我都在忍了，你也應該忍耐。」男友總是忽視我的意願，要我配合他。

這個例子也是屬於「領域的侵害」。

該為什麼忍耐、又要忍耐到何種程度，這個判斷的標準不只存在於「男友（我）」的領域中，也存在於「女友（你）」的領域中。男生要求女友「也應該跟他忍耐同一件事」的行為，顯示出他是一個缺乏「領域」概念的人，不懂得在「自己」與「他人」之間畫出界限。

就如同這個例子，當他用「我都在忍了」做為理由時，其實等於連自己的「領域」都放棄了。

即使是「忍耐」，也不是因為誰的命令，而是自己所做的選擇，因此要不要忍耐，只需在「自己的領域」裡判斷即可。既然是應該在各自「領域」裡決定的事，卻強迫別人要一起忍耐，這就是侵入「他人的領域」了。

無法尊重他人，往往也無法對自己負責

一般來說，無法尊重他人「領域」的人，往往也無法對自己的「領域」負責。

明明是在「自己的領域」、憑自己的意願所下的決定，卻仍然覺得自己是「被強迫」的。

或者，明明是「自我領域」裡的事，如果不表達出來別人就不會知道，卻要求對方必須「察言觀色」、「主動理解」，一旦對方做不到，還會加以責備。

像這樣未曾意識到彼此界限的人，其實會帶給他人很大的壓力。

要不要忍耐，是由對方自己決定

畢竟，他人不可能百分之百了解我們內心的想法，如果因而產生不滿，覺得對方「好冷漠」、「很白目」，也會給自己造成相當的壓力。

不合拍的困擾，都有「受到壓制」的無力感

到目前為止，我們討論的都是「他人帶來的壓力」。如果只是人際關係造成的壓力，呈現出來的問題可能不一而足，但這些**人際壓力要是會發展成「我跟這個人不合拍！」的困擾，都是因為問題已經不再侷限於「領域受到侵害」，還摻進了自己「難以控制局面」的無力感**。

比方說，就算對方片面斷定「你也討厭這樣吧」，要是我們能敷衍地帶過：「不要隨便亂決定啦，我才不討厭呢。」就會輕鬆許多。喜歡論斷的人雖然很討厭，但如果能這樣想：「雖然這個人喜歡擅自下定論，但只要說清楚，他就會收斂。」我們即可游刃有餘地應對，也因為得以控制局面，就不至於深感棘手而苦惱。

同理可證，對於要求自己「應該跟著忍耐」的人也是一樣。如果彼此之間有一定的信任度，可以直接回道：「你還是一樣自我中心耶，快點長大好不好。」或是半開玩笑地說：「再說這種幼稚的話，小心我教訓你哦。」只要能像這樣巧妙處理，基本上就不會造成困擾。

總而言之，這種「不合拍的困擾」，不只是來自「對方侵害了我們的領域」，還包含了「自己難以控制這項侵害行為」，無法像上述方式一樣自在應對的無力感。

●過度依賴讓人「沉重」——侵害「領域」的人③

例／「這要怎麼辦？」辦公室剛來的新人凡事都用問的，完全不肯自己想，跟他共事實在很累。

很多人應該都會覺得，跟依賴心過重的人相處很累，並因而深感困擾。這種困擾的根源，也是來自於無法控制對方「不侵害我們的領域」。

這個狀況和之前所提的，隨意用「你也……」的方式來論斷他人的類型不同，因此就算說這也是「領域的侵害」，很多人或許無法立刻意會過來，但兩者的本質確實如出一轍。

凡事都不自己思考、只會問人的新同事，可說是「把原本應該自己思考的事，全都推給了別人」。

當然，協助剛來的新人這件事本身，完全沒有問題，就算是替對方設法處理也無妨。然而是否要這樣做，決定權並不在新同事身上，而是我們要在「自己的領域」裡判斷的事。

一直問「怎麼辦」的新同事，等於是直接從對方的「領域」裡搶走了「要不要幫忙」、「是否要替對方設法處理」，或是「何時要伸出援手」的選擇權。

被過度依賴會讓人感到沉重，是因為覺得自己「被困住了動彈不得」，也就是自我的「領域」遭到了侵害。

會有依賴心，是對「領域」的界限認識不清

例／「帶我一起去嘛！」「我該怎麼做啊？」過度依賴的朋友好煩人。

討論到這裡，大家應該能體會到那種沉重的束縛感與壓迫感了吧？

如果對方總是這樣，自然會讓人很想回嗆：「你不會自己去哦？」或是「你應該自己想吧！」這個例子也一樣是把自己原本該做的事推給了別人。

拜託別人帶自己同行、或請教他人的意見，都是可以被理解的舉動。**但是，一個能對「自己的領域」負責、並且尊重「對方的領域」的人，會清楚地知道——「請對方帶自己同行只是自己的期望，如何決定則要看對方。」**

因此，他們通常會說：「如果能帶我去，就太感謝了。」「等你要去的時候，再順便找我就好。」或是「方便的話，可以聽聽你的意見嗎？」

這樣的說法中包含了拒絕的權力，對方也因此有更多的選擇權。

換言之，依賴心的本質所在，並非是要請求他人的幫忙，而是對於「領域」的界限認識不清。

無法控制對方不依賴，才會焦躁厭煩

過度依賴的人確實很讓人頭痛，但我們之所以困擾，還是因為其中存在著「無法控制的感覺」。

我們並不是對過度依賴者的所有一切都「覺得不對盤而困擾」，而是因

留給對方
「選擇」的餘地

為無法控制對方的依賴心，所以感到「困擾」。

如果可以輕鬆地直接跟對方說：「這種事你應該自己想吧，有時候也要用用腦袋。」或是「你自己先花一天想想，還是不懂再來問我。」應該就不會那麼焦躁厭煩。

因此，過度依賴的人對我們造成的困擾，除了有受到束縛和壓迫導致的「厭煩感」，還有我們難以採取有效手段突破現況的「無力感」。

●已讀不回讓人「焦慮」——缺乏「常識」的人①

例／合作對象經常遲回 E-mail，很讓人焦慮。

相信許多人應該都會對步調不一致的人覺得「不合拍而困擾」吧？自己很著急，對方卻慢條斯里；自己想慢慢來，對方卻不斷催促。不管是哪一種狀況，都會讓人感受到壓力。

我們常會聽到「那個人很自我」之類的評論，但就算性格作風不是那麼自我，一般人也都會覺得，按照自己的步調生活才最輕鬆自在。如果必須「配合」別人的步調，或多或少都會引發壓力。

步調引發的不合拍問題，其實也可以歸類為「領域的侵害」。

最適合自己的步調，是自我「領域」裡的事。在每個人的認知裡，「最

適合的步調」各不相同，若是片面強迫對方依循自己的步調行事，那就是「領域的侵害」了。

步調的差異，也可能是優先順序不同

所謂的「步調不合」，除了是處理事務的速度不同，還有一項常見的可能性是「優先順序各有差異」。

有些人的認知是「如果不馬上回 E-mail，就會擔心給對方添麻煩並且影響工作」，因此「盡快回信」在他們心目中的優先順序是比較高的。

相對地，有些人的想法是比起「盡快回信」，更應該要「仔細思考過再回信」；有些人則是會以其他工作及事務為優先，所有 E-mail 要等到一整天的最後才統一確認回覆。

就像這樣，每個人對優先順序都有不同認知，因此對方不一定會在自己所期望的時機給予回應。

而當這件事對我們越重要，「無法控制的感覺」就會越強烈，最後就演變成「不合拍的困擾」。

你的「知道」，不一定是對方的「明白」

自己認為「要馬上回 E-mail，以免給對方添麻煩並且影響工作」是「常識」，但對方並不一定是這麼想。

當彼此的「常識」沒有交集，而無法形成「共識」時，會使人感受到挫敗，因為自己所認為的「理所當然」沒有被接受，結果就引發了「無法控制的感覺」。

例／朋友總是用高傲自大的口氣說話，讓人很不舒服。

一般來說，高傲自大的說話方式多半都伴隨著片面的論斷，自然也會造成「領域的侵害」，不過這個問題基本上還是跟「常識」有關。

缺乏「你知道吧」的共識，就無法相互理解

由於大多數人都認為「對人謙虛有禮是常識」，因此若遇到有人以高傲自大的態度待人處事，都會有不太舒坦的違和感。

所謂的「達成共識」，就是彼此都有「你知道這樣說話會讓人不愉快吧」這種「理所當然」的認知。**人際關係就是以「你知道吧」的感受做為基礎所建構起來的，一旦失去了這樣的共識，就會覺得自己「無法控制」與對方的關係。**

●自私自利讓人「不快」——缺乏「常識」的人②

例／看不慣投機鑽營的年輕同事，盡可能不和他往來。

例／上司凡事只顧自己，做事又得過且過，實在很讓人惱火。

例／不喜歡個性滑溜又愛占便宜的人。

例／一直想不通朋友為何老是「喜歡利用別人得到好處」。

像這種自私自利又缺乏「互相意識」的人，很多人應該都會看不順眼而厭煩，畢竟「人類需要互助合作」已經是被廣泛認同的「常識」，社會的各種構成及規則也是以此為基礎而建立。

因此，一旦遇到這類缺乏「常識」的人，我們就會不由自主地產生「無法控制的感覺」。

沒有對方的配合，「互相」就無法成立

基本上，「互相」意識成立的前提，就是雙方都必須具備這樣的想法。無論自己如何重視「互相」的觀念，只要對方欠缺這項意識，「互相」就無法成立。

有些「常識」的成立不一定需要對方的回應，例如「遵守約會時間」，就算對方不照做，至少我們自己還是可以遵守這項常識。

而**「互相」意識的特徵，則是要有對方的言行加以配合，否則就會連帶破壞自己這一方「常識」的成立**。「互相」意識就像玩翹翹板，如果對方不坐上另一邊，基本上是玩不起來的。

所以，彼此在這項「常識」上若沒有共通的理解，就會造成相當的損害與打擊，使我們對缺乏「互相意識」的人產生強烈的「無法控制感」，而困擾不已。

●沒有規則讓人「緊張」——缺乏「常識」的人③

例／**不會看場合說話、不懂察言觀色的朋友，讓人想保持距離。**

「怎麼會在這種場合說這種話？」很多人會對總是搞不清楚狀況，言行舉止「讓人難以置信」的人深感困擾，不知道該怎麼相處。

當然，這也是缺乏「常識」的問題，但即使同樣是「缺乏常識的人」，其中是否能讓人感受到一定的「規則」，也會大大影響「困擾」的程度。

舉例來說，如果能從一個人身上看出「他從不道歉」這個「規則」，雖然這是一件「缺乏常識」的事，但我們至少能預想到「反正他也不會道歉」這個可能性。

如此一來，當對方該道歉而未道歉時，我們也許就只是在心裡暗自抱怨一句「又來了」，倒不會有多困擾。但是，如果這個人的言行讓人費解到一直找不出任何「規則」，我們就會不斷受到衝擊。

「雖然之前就知道他從不道歉，但沒想到會這麼誇張……」當對方的言行「不斷造成衝擊」，與之相處的人始終沒機會先做好心理準備，就很容易引發「無法控制的感覺」，進而強化「不合拍、不對盤」的困擾情緒。

情緒化而意氣用事，最讓人無所適從

例／**主管容易情緒失控，跟他相處真讓人精神緊繃。**

這個例子也是一樣。即使主管容易情緒失控，但如果可以在他身上找到「通常會在這種時候爆發情緒」的「規則」，「無法控制的感覺」也許就不會那麼強烈。

例如，假使會讓主管情緒爆發的「規則」是「受到質問和追究」，只要修正一下說話的語氣和方式，就有可能相當程度減少對方發飆暴怒的機會。

再者，就算主管發飆了，事後檢討若發現「原來是剛才說話的方式讓主管覺得受到質問了」，也可以再次確認「規則」的存在，重新修正、練習，讓下次的溝通變得更為順利。

只是，像這位主管一樣會讓人精神緊繃的類型，大多都是「將自己發怒的原因歸咎到他人身上」，容易憑著一時情緒而「意氣用事」的人，經常找不到可以客觀掌握的「規則」。

也因此，周遭的人就必須一直提心吊膽地看他臉色。

一般來說，**太過情緒化而意氣用事的人，很容易讓人深感棘手，因為無法在對方的行動中找到能明確依循的「規則」，也就難以控制眼前的事態。**

陰晴不定的脾氣，讓人緊張兮兮

●言行成謎讓人「困惑」——無法「互動」的人①

例／根本看不懂這個人的 E-mail 在寫什麼，是要怎麼回應啊……

一般來說，很多人都會覺得「思想無法交流」的人很難相處。既然「不合拍的困擾」通常都來自於「無法控制的感覺」，這也是理所當然的結果。

不能交流彼此的思想，就無法掌握彼此的溝通。

怎麼說都說不通使人苦惱，摸不透在想什麼也很讓人頭痛，更何況是此例所說的「根本看不懂對方在寫什麼」，連物理上的「互動」都有困難，「無法控制的感覺」就會更加強烈。

畢竟，**若要感覺到「能夠掌握彼此的溝通」，雙方的意念、思想至少要像傳接球一樣「互有往來」（catch-ball）才行。**

當然，對方的反應並非一定要與自己的想法相同類近，但是經由互動交流，除了可以給予對方一些影響，也能慢慢理解對方的觀點，這種感覺是很重要的。

難以捉摸的想法，造成互動障礙

例／**摸不透在想什麼的部屬真討厭**。

除了「不懂對方在說什麼」之外，「摸不透對方在想什麼」也會導致「互動」上的困難。

即使表面上可以用言語交流，內心卻完全感受不到彼此間的互動，如此一來就會湧現「難以捉摸」、「無法理解」的感覺。

過去曾經遭到背叛的人，對於這種「摸不透在想什麼」的人，會特別猜疑防衛，因而心神不寧。

心思難測，讓人焦慮不安

「對方是不是討厭我？」
「對方是不是瞧不起我？」
「對方會不會在背後說我壞話？」
「自己會不會有一天又遭到背叛？」……
內心會焦慮不安地一直浮現這些負面的想法。
就算不是這麼極端，一般來說，缺乏自信的人也都會覺得這種人莫測高深、難以應對，想法也就不由得更趨於負面。
這種時候，如果對方給了我們一個溫暖的微笑，「不合拍」的困擾也會隨之解除，這是因為代表友好與善意的微笑，擁有能讓「負面想法」瞬間消散的力量。

●難以交流讓人「猜疑」——無法「互動」的人②

例／只會迎合別人、沒有主見的人，實在不討人喜歡。

「沒有主見的人」容易讓人厭煩，主要還是因為無法與之「互動」。

如果別人說什麼都只會附和、迎合，對方就感受不到人與人之間的「互動交流」，整場談話也變得沒有意義。

此外，沒有主見的人通常也有過度依賴的傾向。

他們等於將談論的議題及對話的方向，全都丟給了對方來決定。

就像之前提過的，曾經遭到背叛的人，也會對沒有主見的人特別提防、在意。他們會覺得，只會附和、迎合的人就算現在看來是贊成自己的，改天要是跟別人相處，可能又會態度丕變，因此內心會抱持著不安與猜疑。

我們都抱著「只要溝通就能理解」的希望

由於每個人都各自生活在不同的「領域」，理所當然會有所差異，不僅是養成的知識不同，觀察的角度、感受的方法也不一樣。而弭平這些差異、促進彼此理解的方法，就是溝通。

換言之，在某個程度上，「只要溝通就能理解」已經是共通的「常識」，就因為我們抱著這樣的希望，才會努力試著去溝通。

但是，**想達成「只要溝通就能理解」的結果，對方至少要具備「願意傾聽他人」這個條件，如果對方完全沒有這樣的能力，就只會引發「無法控制的感覺」而已。**

●不能溝通讓人「煩躁」——無法「互動」的人③

例／部長總是蠻不講理，讓人非常頭痛。

如果溝通的目的是「弭平差異」，首先就要能夠理解彼此的想法。在這個基礎上，人們才得以解開誤會、或拉進彼此的距離；就算不明白對方所說的話，也可以透過詢問來加深理解。

然而，像這個例子已經是「蠻不講理」的程度，即使再怎麼詢問，也不可能進一步理解對方。

原本就算雙方差異甚大，很難立刻互相理解，但若抱著「只要一點一點地努力，或許就能明白」的信心，便可以擺脫「無法控制的感覺」。

只是對方若已經習慣蠻不講理，越是質問只會讓他更加「固執己見」，這時就難免會覺得「無法控制」當前的局面。

當我們自認對對方已有一定程度的了解，而前去確認對方的意見，結果卻得到天差地遠的回應，自然會讓人不知所措。

例／跟主管根本說不通，好苦惱啊。

這個例子的狀況，則是「無法讓對方理解自己的想法」。

即使世代不同或價值觀互異，也可以靠著溝通慢慢磨合，但要是到了「完全說不通」的地步，我們的心思都將被「無法控制的感覺」所占滿，進而深受打擊。

而上述這兩個例子，都是因為沒有滿足「只要溝通就能理解」這個基本條件。

單方面的發言，也是「領域的侵害」

例／明明我還在說話，朋友卻經常直接就把話題轉到自己身上。

這也是屬於彼此之間無法「互動」的狀況。

或許在旁人看來，這兩個人的交流並無異狀，實際上他們卻沒有任何「互動」，甚至還造成了「領域的侵害」。

當一方在說話時，另一方認真傾聽，是身而為人必須受到尊重的權利。

如果我們還在說話，主角的位置卻硬生生被搶走了，就等於自己「希望對方傾聽」、「想仔細陳述本身想法」的「自我領域」遭人粗率地闖進，還被迫要「把主角的位置讓給對方，聽他說話」。

由此可知，**「互動」最重要的基礎，就是必須尊重彼此的「領域」**。**努力去理解對方的話語，是尊重「對方的領域」；明確地表達自己的想法，則是對「自己的領域」負起責任。**

●不知為何就是「討厭」——刺激到自卑感的人

到目前為止，造成「不合拍困擾」的因素，主要都是來自對方。

由於對方令人苦惱的特質，使得我們無法控制與對方的關係，而造成了不合拍、不對盤，難以相處和交流的困擾。

但是，會覺得這個人「不合拍而困擾」的狀況，並非只有這個模式。

明明對方沒有半點錯。

但不知道為什麼就是不喜歡他，所以很困擾。

這種時候，我們的內心多半都會懷有嫉妒、羨慕、自卑、強烈的不安或焦慮等負面的情緒。

「微創傷」受到刺激，會引發負面情緒

當人們遭遇到危及性命的衝擊體驗時，內心通常都會承受醫學上所說的「創傷」（trauma）；即使還不到攸關生死的程度，人生中林林總總的經歷也常會使我們受挫而留下心傷。

對於還不到「創傷」程度的心理傷害，我將它稱之為「微創傷」（petit trauma）。

微創傷通常來自他人的批判、攻擊、疏離或蔑視，是日常生活中最常見的不公平對待；與其說是留下「創傷」，倒不如說是形成「自卑感」，認為「自己是個糟糕、沒用的人」。

當內心留下這樣的傷口，一旦無意間遭遇到會刺激它的人事物，我們就會出現防衛反應，而最常見的即是「湧現無法控制的負面情緒」。

例／我就是看不順眼率真開朗的同事。

在此例中，「率真開朗的同事」可能是刺激到了當事人內心的某處傷口。比方說，他可能從小就被批評個性「陰沉」或「彆扭」，雖然平時沒那麼在意，但是一看到率真開朗的同事，就等於再次被提醒自己的個性既「不率真」也「不開朗」，於是不由得產生「自己實在很糟糕」的感受。

此時所無法控制的，並不是「彼此能否好好相處」這種與對方的關係，而是內心所湧現，「一看到對方就覺得沮喪」、「忍不住會開始嫉妒」的負面情緒。也因此，這還是跟「無法控制的感覺」有所關連。

對他人警戒的內心，也會開始貶低自己

「內心難以抑制地湧現負面情緒」，特別容易發生在我們失去自信、或境遇不順的時候。

此時若剛好得知了「別人是如此優秀」的事蹟，我們的內心就會受到衝擊，馬上進入防衛模式，「不想讓身心再受傷害」，而對周遭的一切開始警戒。如果冒出了「那個人有什麼厲害，不就是○○而已嗎」的想法，這樣的酸葡萄心理也是一種「警戒」反應。

然而**最糟糕的問題，還是針對自己本身產生的警戒**。

我們開始覺得，「別人的優秀」之所以會對自己造成衝擊，主要還是因為「自己實在太糟糕了」。如果自己狀況好、能力強，就不會因此受挫，所以一定要努力振作。

然後，我們就開始「貶低」自己。

「我這裡好糟糕，那裡也很差勁」，我們甚至會覺得自己的人生全盤皆錯，哪裡都不對勁，連之前相對覺得表現還不錯的領域，如今看來也徹底失敗。只要看到某個人，就會像這樣不由得喪失自信，還是跟「無法控制的感覺」有關，也就是「不合拍困擾」形成的另一種模式。

如果只是看到率真開朗的人，心情就會惡劣至此，多半應該是碰觸到了

「內心的傷口」。

不過有一點需要注意的是，有些人雖然看似率真開朗，卻會刻意誇耀自己的優點，甚至還擅加干涉，直說「你也應該振作起來」……這樣的人其實是在「侵害他人的領域」。

這種時候，先不必急著反省自己是否有「內心的傷口」，而是要先對這個「領域侵害者」抱持警惕之心。

●只要共處就很「痛苦」——威脅到「原本的自己」的人

在本章的最後，我們就再一次來深入分析，「無法控制感」這個問題的本質究竟為何吧！

例／**同事身上的體臭很讓人困擾。**

其實這種「困擾」也是來自於「無法控制的感覺」。

嗅覺與視覺等其他感官不同，只要沒有停止呼吸，就會「不斷地聞到味道」，基本上是無法控制的。因此，一旦身邊出現體臭這樣令人不快的味道時，完全就是「無法控制」的狀態。

從臭味這一點來思考，就能充分了解「無法控制」到底有什麼問題。

那就是，「無法輕鬆地做自己」。

在臭味環繞的情況下，我們根本無法自在地大口吸氣，每次呼吸就會覺得不舒服；為了盡量避免聞到臭味，只能不時屏息或小口吸氣，用完全不符合自然的方式呼吸。

直到進入沒有怪味的地方，我們才能再次感受到「空氣清新」、「身心放鬆」的感覺，可以好好地順暢呼吸，做回原本的自己。

例／**在擅長看穿別人的人面前，會覺得很緊張。**

明明自己沒做什麼壞事，但在這樣的人面前就是渾身不自在，彷彿成了「砧板上的魚」，別說是掌握彼此的關係，自己根本就像赤裸裸地現出原形，手足無措、進退失據。

面對這樣的人，會感到「焦慮、困擾」是很自然的事。而這種「無法控制＝無法輕鬆做自己」的感覺，也能直接對應到其他「不合拍」的困擾情境。

換言之，**「不合拍的困擾」也就是源自於「無法輕鬆做自己」的感覺**。

和不合拍、不對盤的人接觸時，我們往往會不自覺地全身緊繃，只要對方在的地方就不想去，即使非去不可，也會覺得窘迫侷促，連呼吸都不自然起來。

就像這樣，「不合拍的人」奪走了原本屬於我們的自由。

想要擺脫「不合拍的困擾」，就必須能夠輕鬆地做自己。

為了自由自在、不受限制地過著想要的生活，接著我們就一步一步來學習，如何擺脫「不合拍的困擾」吧！

STEP 1 重點整理

為何會產生「不合拍的困擾」？

1

當對方或情境讓人覺得「無法控制」，
就會出現「不合拍的困擾感」

2

每個人都有屬於「自己的領域」

3

「隨意論斷」、「強迫他人」、「過度依賴」，
都是「領域的侵害」

4

缺乏「常識」、無法「互動」的人，
容易讓人窮於應付而苦惱

5

明明對方沒有錯卻還是覺得礙眼，
就要懷疑是自己的「心傷」所致

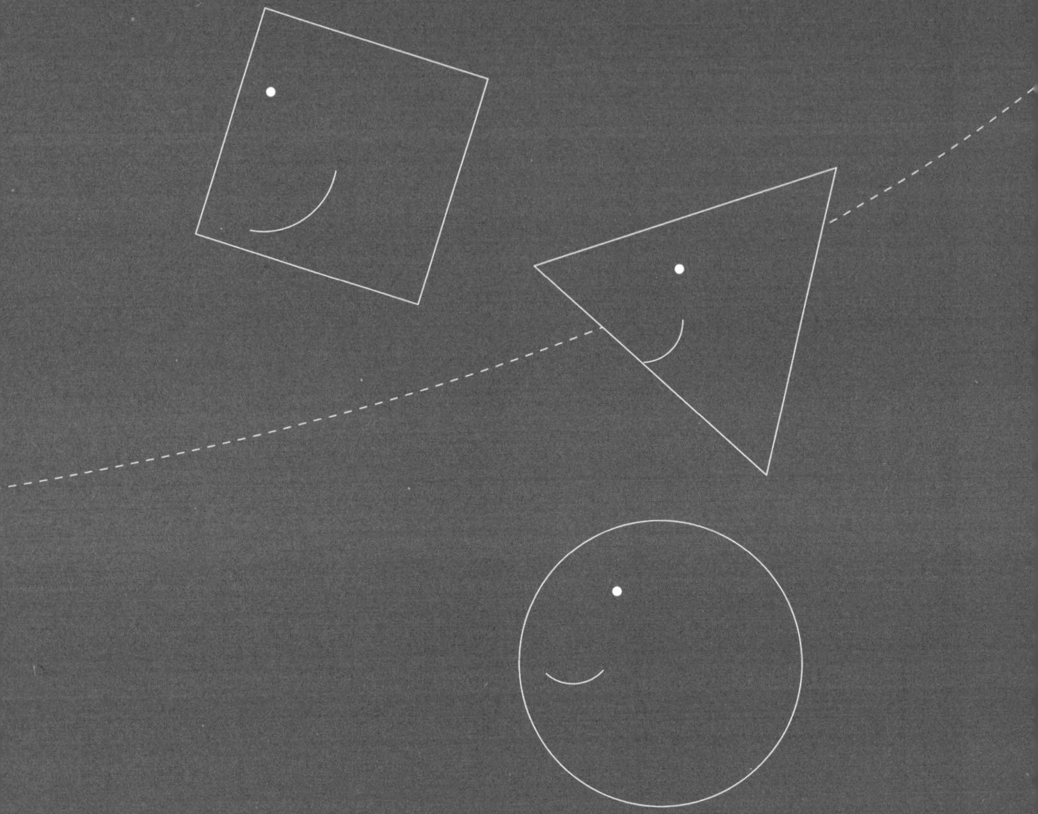

STEP

覺得「不合拍」也沒關係

先接受「現在困擾的自己」

大多數的人都不喜歡「覺得某人不合拍」的自己，
甚至會認為是自己心胸狹窄、不夠圓融或個性太差。
但唯有接受「自己跟某人不合拍」的現實，
先給自己必要的包容，再用適合的方式慢慢努力，
才能減輕「無法控制感」，有餘裕向前邁進。

●我們的內心，是如何看待「不合拍」？

我們已經明白，「不合拍的困擾」是源自於「無法控制的感覺」，接下來則要開始學習，如何以具體的方法來應對這些「不合拍的人」。不過，只要能夠理解——**原來如此，就是「無法控制的感覺」才造成了「不合拍的困擾」**，應該就能減輕困擾的程度，「無法控制的感覺」也會舒緩一些。

在這其中，「莫名覺得不合拍」導致的「無法控制感」是最為強烈的。因為不明白為何困擾，也就難以因應，而「不知道自己內在發生了什麼事」的這種狀態，更加深了「無法控制的感覺」。在這個階段，我們就要進一步分析，當「不合拍的困擾」出現時，「自己的內在」到底怎麼了，才能有效地擺脫這股惱人的情緒。

原因不明
更讓人混亂

混亂
小間就是莫名地
讓我不自在
困擾
幫我做這個～
幫我做那個～
原來是無法控制對方
不要過度依賴，
所以才覺得困擾啊！
恍然大悟

●無法原諒「跟某人不合拍」的自己

其實，大多數的人都不喜歡「覺得某人不合拍、不對盤」的自己。

這是因為，我們都還是期望「自己是個寬容的人」，或至少可以「被認為是寬容的人」。

也或許，我們真正討厭的是——「覺得某人不合拍」時內心所湧現的那股泥沼般的負面情緒，使自己像是變成了心胸狹窄的小人。

這也會讓我們認為，「覺得某人不合拍」是自己的問題，如果自己能改變對對方的看法，就不至於如此了。所以我們會責備自己「為何只能用這個角度去看待對方」，然後強迫自己要寬容、公平地對待這個「不合拍的人」，到頭來就累積了更多壓力。

這種因為「覺得某人不合拍」而對自己產生的反感，會使事態變得更加複雜。

對這樣的自己產生反感、難以接受，是因為我們無法控制「覺得不合拍而困擾的自己」。**這將會導致「無法控制對方與現狀」、也「無法控制自己」的「複合式污染」，讓我們「討厭別人」、也「責怪自己」**。這樣一來，只會離「消除無法控制感、擺脫不合拍困擾」的最終目標越來越遠。

越想克服，問題只會更惡化

當然，大多數的人一旦有「不合拍的困擾」，都會想克服這個問題，但越是想要「克服」，就會越發困擾。因為這樣的思考，只是想藉由「克服不合拍的困擾」這個舉動來加強控制現狀，但這實際上根本是不可行的，所以只會繼續加深內心「無法控制的感覺」。

另外還有一個問題是，不合拍的「困擾情緒」變成了焦點。

這種「不合拍」的意識，原本只是代表現在的自己與對方之間浮現了「無法控制的感覺」，除此之外沒有其他意義。**所以我們應該處理的是「無法控制感」，而不是做為結果的「不合拍困擾」，它絕對不是主要的目標**。

如果一心只想「克服不合拍的困擾」，我們就會將關注的焦點全都放在原本並非主角的「情緒問題」之上。

例如，投影機的鏡頭沾到了灰塵，結果在螢幕上出現了「髒污」，此時應該要先擦去鏡頭上的灰塵，從根本解決這個問題；如果反過來拚命要擦掉螢幕上的髒污，不但無法清除乾淨，還可能因為過度磨擦而損壞螢幕，讓畫面更加模糊。想要克服「不合拍的困擾」，其實就是在做白工。

越想要處理這種「不合拍的困擾」，就越會加深「無法控制的感覺」，變得更加困擾……最後就陷入惡性循環。

因此，我們該做的是要直接清理鏡頭的灰塵，從根本去解決這個問題。

●乾脆承認吧！「覺得不合拍也沒關係」

在STEP 1的階段，我們看到了各種「覺得某人不合拍」的困擾情境，這些狀況讓我們有了「無法控制的感覺」，最後引發「困擾」的情緒。「覺得某人不合拍」已是無法否認的現實，因而產生的困擾情緒，更不是簡單就能掌控的問題。

許多人應該都曾試著努力去「喜歡不合拍的人」或是「和討厭的人好好相處」，最後都會發現完全是徒勞無功。

想控制局面，就必須先接受現狀

我想，拿起這本書來閱讀的人，應該都是希望自己能擺脫這種「不合拍的困擾」吧？

也因此，有人或許會對「覺得不合拍也沒關係」這種肯定現狀的說法心生抗拒。

但是，就像之前提過的，想擺脫「不合拍的困擾」，就必須設法消除「無法控制的感覺」。而**為了能讓自己減輕「無法控制的感覺」，就必須先接受這個想法——「覺得不合拍也沒關係」**。

「覺得不合拍也沒關係」，當然不是這本書的結論。本書的宗旨，應該是要讓我們生活中「因為不合拍而導致困擾的人」得以減少，或即便還是有這樣的人殘留下來，我們也更清楚該如何和對方自在、輕鬆地相處，而能漸漸減輕自己的負擔。

為此，首先我們就要認同這一點——「即使現在覺得某人不合拍而困擾，也沒有關係」，再試著去擺脫這種困擾背後隱含的「無法控制感」。

否認現實，只會被絆在原地無法前進

「覺得不合拍也沒關係」，並非是要大家就此獨來獨往地生存，也不代表「還是有不合拍的人比較好」。

這並非是在討論人際關係方面的價值觀，而是「接受現實」。

就像 STEP 1 所列舉的各種情境，**自己現在正因為覺得對方不合拍而深感困擾，這就是現實**。

就算再怎麼否認，也是徒勞無功。

畢竟，現實就是現實。

否認現實，等於是讓時間就此停滯。

即使不斷跟現實拔河，一心盼望著「如果這不是真的就好了」，也還是戰勝不了現實，只能拉扯著繩子停留在原地，動彈不得。

這樣不斷地拉扯，只會白白消耗能量。

因為不肯接受現實，每天都糾結萬分

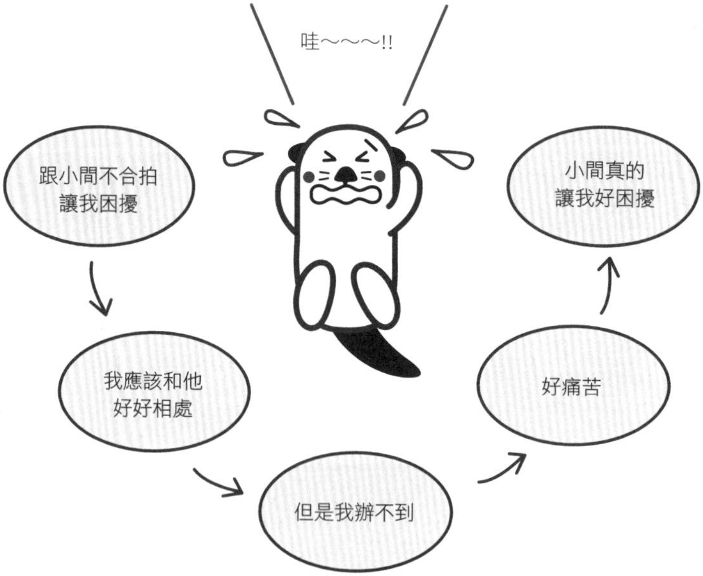

真想往前邁進，就不能一直被絆在原地。況且，消耗了這麼多自身有限的能量，卻只得到「留在原地」這個結果，簡直就是一種浪費，還不如用來「讓自己前進」更有價值。

而為了達成這個目標，就必須先接受現實。

只要接受了「覺得對方不合拍」這個現實，一切就會開始啟動。所以，乾脆地承認吧——「就算（現在）覺得不合拍也沒關係」！

保有「順其自然」的餘裕

接受「覺得某人不合拍」這個現實，對於65頁提及的「因為對方刺激到自己內心的傷口而不舒坦」的問題，會發揮很大的助益。因為這樣一來，我們就擁有了這個選項——可以「暫時不跟刺激到內心傷口的人接觸」。

有些人可能會覺得：「那不是逃避嗎？」或是認為：「既然是創傷就必須要處理。」然而，選擇「暫時不去接觸」，才是真正積極的作為。

重建自信，才能療癒內心的傷口

其實，內心傷口的療癒，也跟「無法控制的感覺」有很深的連結。

心理創傷是由重大衝擊造成的，所以人們會被強烈的「無法控制感」侵襲，覺得自己完全無能為力、難以逃離，沒有人可以理解或幫助自己……內心充斥著滿滿的無力感、絕望感及孤獨感。

衝擊的程度越大，越容易導致「活不下去」、「無法相信任何人」的後遺症。

想要療癒這樣的傷口，與其專注在治療創傷本身，首先更要擺脫「無法控制的感覺」。

即使內心的傷口尚未處理，但**如果能對整個人生抱持著「順其自然」、「沒關係，總會有辦法」的自在餘裕，心理的傷痛相對就會緩解許多，進展到「雖然想起來還是很痛苦，但總會有辦法度過」的程度。**

於是，過往曾經受傷的經歷，就變得不再那麼重要。這是因為，「一旦建立自信，就不會再耿耿於懷，也不再那麼介意自己的缺失」。

●「眼不見為淨」並非是逃避

要能對整個人生抱持「沒關係，總會有辦法」的心理餘裕，必須歷經一定的過程。但如果途中又讓內心的傷口受到刺激，而加深「無法控制感」，就會使復原之路更為遙遠、艱辛。

舉例來說，如果現在見到某個人會「激化內在的負面情緒」，可能就是自己內心的傷口受到了刺激。

僅僅是如此，就已經會深化「無法控制的感覺」，要是再自責「為什麼不能誠心地為對方的成功高興，我真是惡劣」，更會讓「無法控制感」越形強烈。

基本上，若顧慮到自己內心的傷口，無法誠心地為對方高興也是可以想見，強迫自己去做辦不到的事，只會深陷於「無法控制的感覺」，沒有任何助益。想要培養出「沒關係，總會有辦法」的餘裕，就要先從「肯定現在的自己」做起。

所以，**如果覺得「現在的自己還無法坦然面對那個人」，就選擇「暫時不要接觸」**。

為此，就要先認同「覺得不合拍也沒關係」這個事實。

這是在「現在的自己還做不到」這個條件之下，承認自己「無法和對方好好相處」，所以積極地做出「暫時不要接觸」這個選擇。

這不是「逃避」，也不是「懦弱的證據」，而是接受自己當下的狀態，在需要的時候給予自己適當的照護。

這才是對「自己的領域」負起責任的做法。

●「覺得不合拍」只是「當下的狀態」

本書是針對這樣的讀者所寫的——因為「跟某人不合拍」或是「對某人的○○部分難以適應」——基本上也就是與特定的人事物難以相容——而深感困擾的人。

然而，也有些人不只是覺得特定的「某人」不合拍，而是對所有的人際關係都拙於應對、深感困擾。

特別是覺得自己「不懂察言觀色」或「難以理解他人心情」這一類型的人，應該都會覺得處理人際關係非常棘手。

察言觀色或同理他人的能力，有相當程度是屬於先天的條件，所以有時候不管再怎麼努力，也無法有效提升。

如果你是這樣的人，不必急著責備自己，先承認自己原本就欠缺這種能力，才有辦法繼續往前邁進。

「這是什麼話？我就是想要有這種能力，才會拚命努力啊！」或許有人會這麼想。但就像之前反覆提過的，我們要先接受自己「覺得不合拍」的困擾，才能找出適合自己的前進之道。

比起強迫自己，更要給自己必要的包容

首先要明白的是，對自己來說，必須察言觀色或同理他人才能成立的人際關係，無論到何種程度都只會引發「無法控制的感覺」，讓自己覺得「不合拍、不自在」而困擾——不過，這樣的問題只會發生在「需要察言觀色或同理他人才能成立的人際關係」裡。

但是，人與人之間並不僅止於這樣的關係。

如果事先告訴別人：「我欠缺察言觀色及同理他人的能力，要是有什麼

意見或問題請直接告訴我。」其實還是很有機會處理好人際互動的。

也就是說，**強迫自己去做辦不到的事，只會加深「無法控制的感覺」，但如果找到適合自己的方式慢慢努力，或許也能培養出「沒關係，總會有辦法」的心理餘裕**。

其實，告訴自己「覺得不合拍也沒關係」，就是給了自己必要的包容；考量到自己曾遭遇的種種經歷，這也等於在跟自己說：「你畢竟是人，所以這也是沒辦法的事。」

舉例來說，如果我們將「覺得〇〇不合拍」的心情看成是「對〇〇的負面批評」，「不合拍也沒關係」的想法或許就會變成是在正當化對他人的負面批評，成為一種「自我中心的理直氣壯」。

然而，如果把「不合拍的困擾」理解成是內心有著「無法控制的感覺」，就能用另一種角度來看待。

換言之，我們可以將「現在覺得不合拍」看成是一個過程，而非「結論」；這也不是「對〇〇的批評」，而是「自己與對方在相處關係上的現狀」。

之所以會有「不合拍的困擾」，是因為「現在產生了無法控制的感覺」。

如此一來，今後只要集中心力處理「無法控制的感覺」，而保有「覺得不合拍也沒關係」的心理餘裕，就是開創這一切的起點。

「不合拍的困擾」
只是一個過程

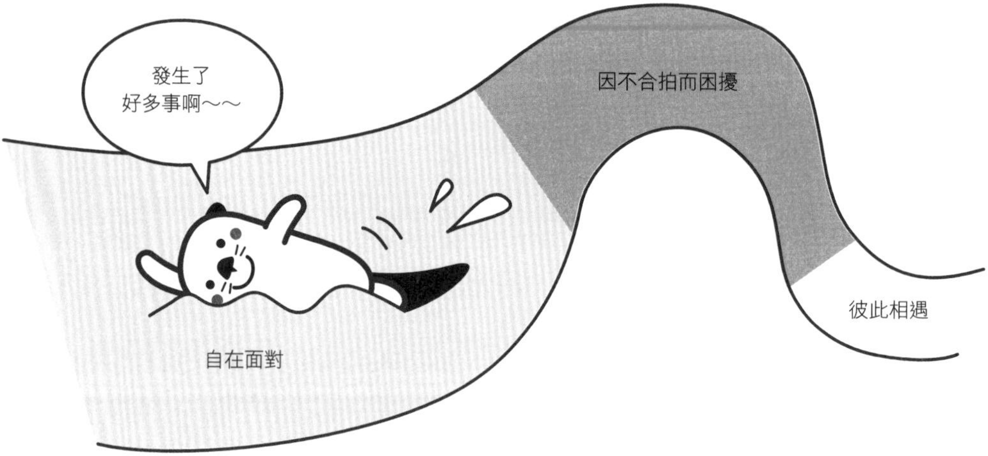
發生了
好多事啊～～
因不合拍而困擾
自在面對
彼此相遇

●能寬待自己，也就能寬待對方

如果狀況不是很複雜，有時只要告訴自己「覺得不合拍也沒關係」，就能立刻消除困擾的感受。這是因為，**只要讓自己從「不應該覺得不合拍」這種嚴苛的束縛中解放，就不會再那麼嚴苛地看待對方。**

畢竟，每個人都有各自背負的狀況與原因，所以我們會在此時覺得某人「不合拍」也是很正常的事。如果能對自己的原由寬容看待，自然也能對別人的原由寬容看待。

然而，若還是嚴格地要求自己「不應該覺得不合拍」，就會同樣嚴格地要求他人「應該做好身而為人該做的事」。唯有放下這樣的執念，世界才會變得更加開闊。

無法控制的是哪個問題，你找對了嗎？

例／和說話無趣的朋友相處，實在很困擾。

既然如此，為什麼要跟這樣的朋友相處呢？

當然，除了「說話有趣」之外，人還有許多其他的價值，並不是對方說話索然無味，就不值得我們交往結識。

只要對方有其他讓我們欣賞、喜歡的部分，當然可以結交為朋友。

況且雖說是朋友，也有可能是以往的同班同學這種「自然形成的關係」。

現在，我們再回到「不合拍的困擾」這個問題。

這個例子裡有哪個部分，讓人產生了「無法控制的感覺」呢？

乍看之下，朋友說話無趣似乎就是導致「無法控制感」的成因，但這件事其實是屬於「對方的領域」。

批評對方的說話內容就已經是「領域的侵害」了，想要說話無趣的人變得有意思，基本上更是不可能的事。而**接受不可能，也是一種「控制」的形式。就是因為一廂情願地希望對方改變，才會產生「無法控制的感覺」**。

這麼思考下來，導致「無法控制感」的狀況，大概就是「必須和說話無趣的朋友聊天」了。既然如此，我們要怎麼做，才能將「無法控制感」轉變為「能夠控制的感覺」呢？

此時，就必須仰賴「覺得不合拍也沒關係」的認知了。

只要接受自己「和說話無趣的朋友聊天很困擾」這個現狀，就能思考各種具體的對策來因應，像是盡量縮短說話時間、不要一對一聊天……等。

既然覺得無趣，就不必勉強聊天

接著，我們再來思考該如何與這個朋友愉快相處的方法。

我們可以和對方一起逛街購物、共同運動或做菜，有許多其他的相處方式都不必以「聊天」做為重點。

當然，如果「不想做到這種程度還勉強相處」，就讓彼此的關係維持在「一群人出遊還可以接受」的狀態，也是一個方法。

這樣思考「與朋友相處的方式」，並不是失禮的事。

因為，讓我們覺得「不合拍」的並不是「說話無趣的朋友」本身，而是「和這個朋友聊天」的狀況，所以只要找到適合彼此個性的相處方式，問題就能夠解決。

思考「與朋友相處的方式」並非是失禮的事，而是「掌握彼此關係」的積極做法。

如何解除「不合拍的困擾」？

1

越想擺脫「不合拍的困擾」，就會越困擾

2

不要聚焦於「困擾的情緒」，
而是注意自己對什麼產生了「無法控制的感覺」

3

告訴自己「覺得不合拍也沒關係」，
一切才會順利發展

4

既然不想面對，就先「眼不見為淨」

5

「覺得不合拍」並非結論，只是一個過程

STEP 3

是「真不合拍」還是「假不合拍」？

陌生的第一次總是會有違和感

有時我們覺得對方「不合拍」，很可能只是出於偏見。
人們對於「不習慣、未曾接觸的人事物」，
都會產生「違和感」，而常誤以為是「不合拍」。
只要有機會深入了解、「慢慢習慣」之後，
自然而然就不再困擾，而能從容看待。

●有時候只是因為「不習慣」

在討論如何處理「不合拍的困擾」之前，我們先來看看什麼是「假的不合拍」。

很多時候我們覺得對方是「不合拍的人」，其實只是出於自己的偏見。為了不被這些「假的不合拍」所干擾，就要先了解人們何時會將「違和感」誤認為「不合拍」。

例／**服裝品味跟我完全不合的人，實在很礙眼。**

在這個例子裡，對方的服裝品味基本上並不會對自己造成損害，所以跟至今我們所討論的「無法控制彼此關係」，感覺有點不太一樣。

當然，這種事也不太可能刺激到自己內心的傷口。

如果為對方的服裝加諸「裝可愛」、「看起來很虛榮」、「性的意味太強」或「完全不符合時尚潮流」的定義，還可以勉強歸類為缺乏「常識」而覺得不合拍的狀況。

但是，這種例子往往跟「常識」沒什麼關係，也不見得有特別的原因，純粹就是「品味、喜好不合」而已，但還是會讓人感到「厭煩、困擾」。

「不習慣」的違和感，常被誤認為「不合拍」

這種「不合拍」的困擾，其實只是對陌生事物所產生的「違和感」。最典型的例子，就是年長者看不慣年輕人的時尚潮流而產生的抗拒心態。

當年長者最初接觸這些潮流時，大多會感到驚愕，然後明顯表現出厭惡及排斥，直到慢慢習慣之後，才會略微接受其中的一些概念與要素。

另一個狀況是，不久前才說「討厭用手機」的人，不知從何時開始，每天都會收到他傳來的一大堆訊息。

就像這樣，原本讓自己覺得「不合拍、難以接受」的事物，其實只是因為「之前不熟悉、沒接觸過」，所以產生了違和感。隨著時間過去，這種「不合拍」的困擾就會慢慢消散。

接觸新事物時，都會感受到適應的壓力

對人們來說，接觸新事物其實是一種「變化」。而人類對所有的變化，都會感受到壓力。

只要接觸至今未曾經歷的人事物，我們都會產生「違和感」，這是人類為了讓自己安全存活所具備的自然本能，會對陌生的一切抱持警戒與不安。等到有機會了解實際的狀況，我們就會適應這項變化。

我們多多少少都需要經歷這種「適應的過程」。如果只是簡單的改變，這個過程可能只是「一瞬間的違和感」；但違和感若太過強烈，很可能就需

要更長的時間、更多的能量來加以適應。

舉例來說，如果某人是以往從未見過的類型，起初我們應該都會對其懷有強烈的「違和感」，然後產生「不合拍的困擾」。但是，只要「習慣」對方的作風之後，這種困擾就有可能被克服。

換言之，**人們對「不習慣的事物」產生的「不合拍困擾」，其實只是「假的不合拍」。只要有機會深入了解、再「慢慢習慣」，自然而然就不再覺得困擾，而能從容看待**。

另外像是——「○○給人的第一印象非常糟糕，直到慢慢了解，才意外地發現他真是個大好人」；或者「原本還發誓『絕對不跟這樣的人結婚』，相處過後才明白他是自己的理想對象，最後結為連理」，這樣的例子不也經常發生嗎？

●別讓偏見遮蔽了「習慣」的機會

如前所述，「對陌生事物的違和感」會形成「假的不合拍」，但是習慣之後，就能克服這種「難以適應」的困擾。

因此，我們無需把「假的不合拍」當成「必須克服的問題」認真處理，只要理解這是「假的不合拍」就行了，反正到頭來終究會「習慣」。

重要的是，該如何去區分「真的不合拍」與「假的不合拍」。

之所以這麼說，是因為我們若對「假的不合拍」感受到強烈的「困擾」，最後可能就會失去「習慣」的機會。

就像年長者終究習慣了年輕人的時尚潮流，說「討厭用手機」的人後來變得沒有手機就活不下去，人類其實是很能適應各種狀況的生物。即使最初受到衝擊而覺得無法接受，一旦得以實際了解、或是身歷其境，就能立即適應過來。

因此，**人類基本上是可能戰勝所有變化的**。

雖然所需的時間及能量各有差異，但終究都能順利地適應眼前的改變。畢竟我們的人生原本就充滿變化，它本身就是一連串適應變化的過程。

帶著有色眼鏡看對方，只會越看越礙眼

然而，如果一開始即抱持著強烈的「不對盤」意識，就很有可能一直無法習慣。

這是因為，**我們只會透過「不合拍、不對盤」這副帶著偏見的有色眼鏡去看待對方，而看不見真實的對方**。

要讓自己「習慣」，就必須與真實的對方確切地接觸。然而，這副「不合拍」的有色眼鏡穿透率實在太低，讓我們難以看清對方實際的樣貌。

舉例來說，某人是我們至今未曾接觸過的類型，而使我們產生了「世上怎麼會有這種人」的「違和感」，認為對方和自己非常「不對盤」。

如果抱持著這種意識，每次都透過這副帶著偏見的有色眼鏡看待對方，就會覺得對方越來越「不可原諒」、「讓人難以置信」、「個性惡劣至極」，眼鏡的穿透率也變得越來越低，完全無視於對方的實際樣貌，也就永遠無法習慣「現實中的對方」。

除非剛好遭遇某種衝擊性的狀況，讓我們發現了「原來那個人很溫柔」、或者「他只是努力過頭了，其實並沒有惡意」，才有可能破除偏見，真正了解、認識對方。

●適應現實，也需要一定的過程

為了不讓「假的不合拍」變成「真的不合拍」，就要努力打破「帶著偏見的有色眼鏡」，只是太過刻意的努力，也有可能適得其反。

就像80頁提醒過的，當我們把處理的焦點錯放在「不合拍的困擾」，就有可能讓這副「偏見」眼鏡的穿透率變得更低。因此就算是「假的不合拍」，最好還是以「覺得不合拍也沒關係」的角度來看待。

這也是在告訴自己，「現在所感受到的『不合拍』，很可能只是面對新事物產生的違和感，需要一段加以習慣的過程，所以就算暫時覺得不自在也無妨。」

等到自己能夠接受現實的那一天，就會獲得最大的進步。

給自己時間，告訴自己「現在正處於習慣新事物的過程之中」，反而能更快「習慣」，擺脫「假的不合拍」帶來的困擾。

抱持這種思考，我們就不會被「帶著偏見的有色眼鏡」束縛，而能理解自己只是「在經歷一個過程」。就算覺得對方不對盤，也不是多麼嚴重的事，只是習慣與否的問題，如此一來，就無需在不必要的地方浪費能量。

更重要的是，**如果輕忽這個「適應的過程」，而認為「必須馬上接受」，只會讓自己承受超載的心理負擔**。

95頁曾經提過，當我們能對自己寬容，也才能對別人寬容。反之亦然，如果我們要求自己「必須馬上接受」，也會更加在意對方令人討厭、不愉快的部分。

各有差異的人們，想要互相熟悉、磨合，都需要一定的過程。就讓我們尊重彼此的「領域」，並藉此真誠地建立人際關係吧！

試著這樣想：
「只是不習慣才覺得討厭吧？」

●狀況不明時，就看成是「假的不合拍」

在「假的不合拍」當中，有許多狀況都是未經驗證的「困擾」，也就是所謂的「偏見」。

明明嚐都還沒嚐過，就斷定某種食物「一定很難吃」，然後先入為主地片面認定它是「難吃的食物」，連試一試都不願意。

對於人，我們也常會表現出這樣的態度。

只要了解原由，就能給予體諒

例／那個同事在別人打招呼時從不回應，讓人很不舒服。

之前提過，「無法互動」是容易讓人產生「無法控制感」的特徵之一。

因此，光從表面上來看，別人向他打招呼卻從不回應的同事，確實會讓人覺得不合拍而起反感。

但是，為什麼那個同事從不回應別人的問候呢？這個例子的當事人到底知不知道真正的原因？

舉例來說，這個從不回應的同事，說不定患有社交障礙（一種與人相處會過度緊張的疾病），即使總是死命提醒自己「必須跟別人打招呼」，最後還是過度焦慮而說不出話來。

也或者，他可能患有口吃等造成「說話障礙」的問題，所以寧可閉口保持沉默。

如果發現對方真有這些問題，相信一定會大大減輕「不合拍的困擾」。**只要了解對方「不給予回應」的原因，就不會一直陷入狀況不明的困惑，也能夠體諒對方「其實很辛苦」**。

如果還是對方親自向我們坦白真相，甚至為「一直沒有回應」而道歉，彼此間有了實質上的「互動」，「不合拍的困擾」應該就會煙消雲散。

當對方都坦誠到這個程度，我們也就能確定，應該對對方抱持什麼樣的感覺。

此時我們會明白，自己只需要用溫暖的眼神守護對方，讓對方知道這一點就好：

「我會跟你打招呼，不過你沒辦法回應也沒關係，不用心急。」

也因為如此，「無法控制的感覺」完全不會出現。

先視為「假的不合拍」，就能減少「無法控制感」

對方為何在別人打招呼時不會回應，是「對方的領域」裡的事，旁人可能難有機會了解原由。

既然不知道確實的真相，就可以將它歸類為「假的不合拍」。

當然，知道原由之後，或許會發現對方真的是個不懂「互相」、缺乏「常識」的人，但是到目前為止，真實的狀況仍是未經驗證。

因此，即使對方沒有回應讓人不快，最好還是把這個問題先歸類為「未經驗證的『假的不合拍』」。

只是這樣做，就能從「無法控制的感覺」中解放出來。

●觀察驗證後，再做出結論

例／不喜歡什麼都說好，完全沒有主見的朋友。

這個朋友如果確實是過度依賴的類型，那就是侵害了我們這一方的領域。

然而，或許對方真的就是「什麼都可以」的人呢？

有些人就是對各種事物沒有太多執著，只要能和朋友共度時光就已經心滿意足。也或許對方是認為，給予別人選擇的自由是一種親切的表現。

都還不清楚對方是什麼樣的人，就斷定人家「完全沒有主見」，當然會覺得不合拍而困擾。

如果經過驗證，發現對方是「沒有太多執著、凡事隨遇而安，只要能和朋友共度時光就已經心滿意足」的人，就會明白這是一種價值觀，並不是對方「沒有主見」。

另外，「認為給予別人選擇的自由是一種親切」，也不是「沒有主見」。無論是哪一種類型，只要了解對方認為「什麼都可以」的態度背後有何原因，就能減輕不合拍的困擾。

如果進一步希望對方在行為上稍做改變，可以告訴對方：「沒有執著是很好，但希望你偶爾也能做主，不然都由我決定還是有點壓力。」或是：「我很高興你讓我自由選擇，但我還是想知道你喜歡什麼，這樣我們會更親近，所以你要不要偶爾決定一次呢？」

敞開心胸，試著觀察和確認

不習慣、未經驗證的事物，都可以暫時歸類為「假的不合拍」，因為它們有別於「真的不合拍」，在經過確認、理解之後，我們也許就不再介意，說不定反而還會萌生好感。

當然，如果「假的不合拍」在驗證之後發現是「真的不合拍」，這時就可以參考以下 STEP 4 的方法，將它視為一般的「不合拍」來解決。

若是隨著時間就能習慣的「假的不合拍」，則無需付出太艱難的努力，只要以輕鬆的心情肯定自己——這不過是「假的不合拍」，習慣了就不成問題，即使「現在覺得不合拍也沒關係」。

如果之後還有機會更加了解對方，就敞開心胸去體驗一下吧！

另一方面，如果是「未經驗證的不合拍」，也可能因為對方有些難言之隱而無法了解實情，或即使隨著時間過去，也始終等不到真相大白。

這種時候，「假的不合拍」還是可以直接運用 STEP 4 提供的方法因應，讓結果有機會朝更好的方向發展。

接著我們就來看看具體的方法吧！

什麼是「假的不合拍」？

❶

由「偏見」所引發的不合拍困擾，
是「假的不合拍」

❷

人們若遭遇「不習慣的人事物」，
都會誤以為是「不合拍」

❸

一開始就抱持強烈的「不對盤意識」，
往後將難以「習慣」

❹

了解對方的問題與原由，
就能減輕「不合拍的困擾」

❺

對於「不習慣」的事物，
先別斷定是「不合拍」，而是要仔細驗證

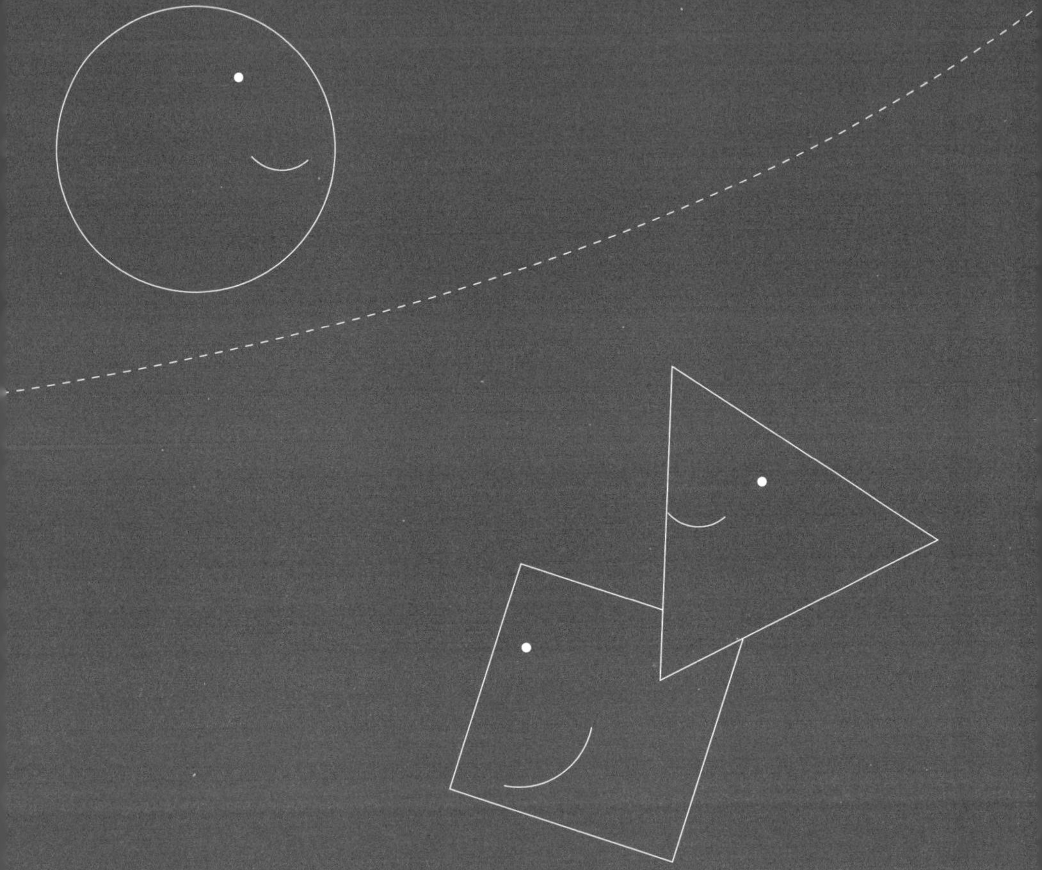

STEP

培養「放過力」，重獲「掌控感」

放下論斷，怒氣自消

> 讓我們覺得「不合拍」的人，在變成如今的樣貌之前，
> 背後應該都有不為人知的「原因」。
> 認同這個前提，放掉「對方應該改變」的期望，
> 就會重新獲得「掌握全局」的感覺，
> 依照個別狀況做出妥善、合宜的處置。

●重新取得「掌握現狀」的力量

透過到目前為止的討論，我們已經知道，「不合拍的困擾」其實是源自於「無法控制的感覺」。為了從「不合拍的困擾」中解放並獲得自由，最根本的方法就是要消除「無法控制感」。

此外，我們也了解到，如果「不知道所為何來」、「不肯承認（覺得不合拍而困擾）這個現實」，「無法控制的感覺」只會更趨強烈。

之前的章節已經將「不合拍」的原因與型態做了整理，也讓我們學會接受「不合拍也沒關係」的現狀，以減輕不必要的「無法控制感」。

從現在開始，我們要更積極地向前推進，學習「重獲掌控感」的方法。

培養出「總會有辦法」的心理餘裕

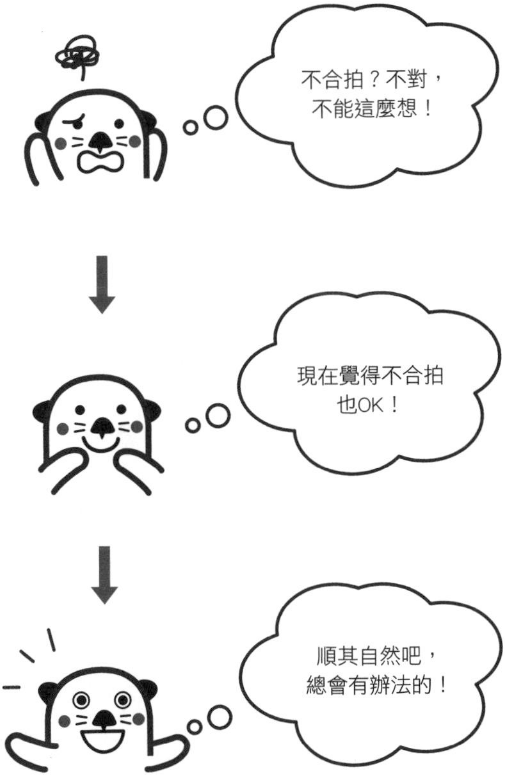

放下「控制每一個細節」的堅持

請想像自己正在跟一個每次都胡亂發球、或總是越線的人打網球。

如果要求自己「對方打來的每個球都一定要接到」，就只能一直在場上疲於奔命。

球都已經越線了，其實根本沒有必要去接。

即使如此，也還是跑過去硬接。

結果場中反而無人防守，自然就接不到對方打來的下一個球。

因為不斷盲目奔波，耗盡了所有精力，到頭來能夠接到的球反而寥寥無幾，只留下「網球好難打！」的感想。

真正優秀的網球選手，會仔細算好定位、預測發球方向，再迅速做出各種判斷——「那個球失誤了，不用接」、「這個球應該有希望，努力一下」，或是「那一球位置太好，應該接不到，跑過去也來不及了，反正沒接到也不影響勝負」……

如此一來，就可以將奔跑的次數減到最低，也能讓自己盡量待在固定的位置，增加「接到球的機率」。

也就是說，不必強制自己一定要接到所有的球，因為從整體看來，比起盲目地接球，這種方式更能讓人有「掌握全局」的感受，而不是覺得「網球很難打！」，得勝的機率也比較高。

真正的掌控感，是要「掌握全局」

真正的「掌控感」，不是控制每一個小細節，而是能夠「掌握全局」的感覺。

以網球為例，如果具備了「對方打什麼球過來都能應對」的自信，不需要跑過去接的球也可以果斷放棄，那才是真正能「掌握全局」的感覺。

87頁將這種感覺形容為「順其自然」的心理餘裕，只有這種「掌握全局」、「沒關係，總會有辦法」的心態，才是真正的「掌控感」。

為了擺脫「不合拍的困擾」，重新取回這種「掌控感」是很重要的，這與「無法控制的感覺」是完全相對的情緒。當我們陷入「無法控制的感覺」，就很難有平心靜氣、順其自然的餘裕。

學會「放過力」，讓不合拍的因素消失

想要重新得到「掌控感」，就需要培養「放過力」。

所謂的「放過力」，就是讓「對方跟我們不合拍的要素」，從我們的眼前消失。

這絕不是「裝作沒看見」或「假裝很合拍」。

就如同 STEP 1 所說，「不合拍的困擾」和能否輕鬆地做自己有很深的

連結。因此，「假裝很合拍」或「裝作沒看見」這種否定原本自我的方式，並不能真正克服這種困擾。

要培養出強大、穩定的「掌控感」，先決條件就是要能輕鬆地做自己，無論發生什麼事，都能從容地「放過」；不管遭遇什麼狀況，都不會覺得不合拍而困擾。

接下來，我們就要學習如何讓對方有所改變的方法，而其中最基本的就是「放過力」，所以請千萬不要省略這個步驟。

●找到「遺漏的那塊拼圖」

在32頁曾經提過，當別人單方面斷定「你也討厭這樣吧」，其實是「領域的侵害」。

實際上，當我們被這樣片面論斷時，多半會心生不快，覺得對方不對盤而起反感。然而，同樣一句評論，若是從自己信賴的多年好友口中說出來，我們有時卻會認為：「沒錯，真不愧是我的老友啊，實在太了解我了。」

兩者之間的差別到底是什麼？

當自己信賴的老友說「你也討厭這樣吧」，我們會在心裡將這句話定位成「朋友真的很了解我的證據」。本來我們就抱著「這個朋友應該了解我」的期待，所以當他們這樣說，我們會覺得像是找到了遺漏的那塊拼圖，終於等到對方說了這句話。明明對方談論的是我們「領域」裡的事，我們卻完全沒有「領域被侵害」的感覺。

「若能給予認同」，印象就會改變

如40頁所提及的「過度依賴的人」，也是一樣的情況。

如果知道這個凡事都要問人的新同事，是因為前幾天在工作上剛犯了大錯，被主管嚴厲警告：「不准再自作主張，下次再出錯就開除！」想必我們內心對他的感受，應該就不再是討人厭而覺得困擾了。

對方之所以不敢自己判斷、總是先尋求他人的意見，是因為正面臨那樣的處境，我們自然就能理解他為何有此舉動。不只如此，我們或許還想鼓勵他：「我會幫你一起想，所以不用擔心，早點振作起來吧。」

也或者，我們後來才發現對方是罹患了嚴重的憂鬱症，導致他面對一切都失去自信。一旦了解這個狀況，我們就不會再批判對方「過度依賴」，反而可能會安慰他「什麼都可以問」，或是「工作時盡量不要有負擔」。

換言之，**如果能夠認同「置身於這樣的處境，誰都會如此」，我們就可以找到遺漏的那塊拼圖，不再覺得對方的話語或行動不合拍、不對盤。**

理解之後，就不會再被輕易激怒

歧視他人的人也是一樣。

當然，我們可以單純將對方視為「充滿歧視」的討厭鬼，但如果有機會知道對方為何會產生歧視意識的個人背景，或許就能理解：「也對，他要是經歷過那些事，會有這樣的態度，在某種程度上來說也是可想而知。」

這也等於是「找到了遺漏的那塊拼圖」。

歧視的問題也可能跟 STEP 3 所討論的「假的不合拍」有關。畢竟人們對於不熟悉、不了解的對象，有時也會加以歧視，如果不把對方視為「同一族類」，對於人權的概念就會有些遲鈍。

理解對方有自己的原因，就沒問題了！

因此，如果聽到有誰對毫無所悉的人說出歧視意味濃厚的話語，只要想著「算了，反正他什麼都不懂」，或許也算是「找到了遺漏的那塊拼圖」。雖然不至於去認同對方，但我們至少不會冒出「竟然歧視別人？那還算是人嗎？」這種強烈的違和感。

換言之，只要試著去了解對方的事由與原委，多少都能減輕「不合拍的困擾」。

●無論是誰，都背負著各自的原因

先前討論的都是實際了解對方的事由後所發生的情況，但在現實中，很多時候我們都不見得能知道確切的詳情。

尤其是「不合拍的人」與我們的精神距離通常都比較遠，我們也可能沒有太多機會，去深究對方所隱含的原因或事由。

然而，**即使不知道細節始末，我們還是能推測出對方之所以如此，「應該是有什麼原因」**。

擅闖「他人領域」的人？

基本上，會在「領域」方面造成侵犯問題的人，本身也幾乎都是在「自我領域」不受尊重的環境下成長。

他們的身邊只存在著任意論斷的專制者，所以總是得小心翼翼、提心吊膽地看人臉色。

也因為沒有人教導他們要「尊重他人的領域」、「對自己的領域負責」，所以他們對所謂的「領域」完全沒有概念。

行為「缺乏常識」的人？

而缺乏「常識」的人，通常不是在有違於一般「常識」的環境下成長，就是對「常識」懷有心理創傷。

例如，大多數人都具備這樣的常識——「只要真誠待人，對方也會如此回應」，但如果是曾經被狠狠背叛過，而留下慘痛記憶的人，大概就很難認同這項「常識」了吧！

而有些總是反覆做出怪異行為的人，很可能本身就患有發展障礙，或是天生缺乏「察顏觀色」及「同理他人」的能力。所以就算他再怎麼拚命努力，想學會世人共有的「常識」或人際相處的通則，也會因為先天上的不足與缺失，而有其困難之處。

「有溝沒有通」的人？

無法與別人正常「互動」的人，應該也是在成長過程中從未有過良好的溝通經驗。

這可能是因為家庭背景不曾提供這樣的機會，或者對方的本性就是不太擅長運用言語表達自己的感受，也有可能他根本就欠缺「與人互動是有價值的」這樣的「常識」。

再者，他也可能是過去曾對別人吐露心聲，卻遭到極為惡劣的回應，從此就不再對他人敞開胸懷。

試著用這樣的角度檢視：「應該是有什麼原因吧」

沒有「領域」的概念？
不擅用言語表達感受？
曾經有過慘痛的遭遇？
對「常識」的認知不一樣？

就像這樣，**那些讓我們產生「無法控制感」的人，在變成如今的樣貌之前，背後應該都有我們所不知道的「原因」**。

當然，我們無法對每一個人知之甚詳，但理解他們背後「應該都有自己的原因」，至少是我們能夠做到的事。

●「放過力」，就是接受對方有其原因

現在，我們大概已經明白，能否對他人的言行抱持「應該有其原因」的理解，才是讓「放過力」產生效果的關鍵。

如果一直聚焦於對方引發的「不合拍困擾」，我們的腦海裡就只會充斥著滿滿的問號——

「為什麼他會做出這種事？」

「他到底在想什麼？」

「為什麼跟他就是說不通？」……

於是，**「不能理解的事」就直接變成了「無法控制的感覺」**。

然而，如果可以先這麼想：

「他會這樣一定是有什麼原因。」

「說不定只要問他就能真相大白了。」

「不過，那畢竟是很私密的領域，暫時還是不好去打聽吧。」

不管日後是否有機會知道真正的詳情，至少我們這麼想的時候，這些事在實質上就已經不是「不能理解」了。

換言之，**這世上其實沒有完全不能理解的事，只要知曉背後的隱情，我們就會有「原來如此」、恍然大悟的感受。**

這種「原來如此」的領悟，也等於是「掌握全局」，而擁有了「掌控感」。

這就是「放過力」的基本力量。

一旦從這樣的角度去思考——「對方應該是有什麼原因，才只能表現出當前的行為」，我們就會明白，「想讓從不打招呼的同事回應自己」這種希望控制對方「行為本身」的舉動，可想而知不會有順利的結果。

相對地，如果即使如此還是想控制對方，希望對方「不是現在這樣就好了」，自然會有「無法控制的感覺」，而產生強烈的「不合拍困擾」。

「放過失誤球」，才能找回掌控感

大家可以回想一下打網球的例子。如果逼自己全場奔波接下所有的球，只會讓狀況更為混亂，也增加自己窮於應付的麻煩。

人際關係其實也能用同樣的方式來思考。

如果我們並不知道對方可能背負著哪些問題或原因，卻要求對方「應該怎麼做」，就等於是在逼自己接住場上的每一個球。

「這樣做是錯的」、「那樣做也不行」，不斷挑剔對方所做的一切，就跟死命要接下所有的球一樣，**最後只會剩下「無法控制對方」的疲憊感**。

「原來有這回事，也難怪他會這麼做了。」

「算了，看他一直以來的作為，背後應該是有什麼嚴重的問題吧。」

這樣的想法，就像是在場上看到了失誤球，然後告訴自己：「這個球可以直接放過。」

雖然我們實際上是放棄了那個球，卻反而對狀況產生了「掌控感」。

接著，我們就可以站定位置，專心接下「接得到的球」，也就是把重心放在能夠具體改善的狀況之上。

「放過」不代表包容，只是暫時擱置

不過，或許有人會這麼想——

對方並不是網球，而是活生生的人，如果忽略他的行為，不告訴他「應該怎麼做」，不就等於是在肯定對方「不跟人打招呼」、「說話態度高傲」等「不適當的言行」嗎？

對於我行我素、未曾改變的對方經常抱怨、生氣的人，應該都會這麼想吧？

當然，**這裡所說的「放過」，其實是指我們在精神上所抱持的態度，而非是要完全包容對方的言行，或是覺得對方根本不需要改變**。

實際上該如何執行，之後會再詳細說明，而主要的重點就在於——「先暫時放過，再思考作戰計畫」的處理順序。

更確切的說法，就是**「先獲得整體的掌控感，再依照個別狀況來訂定對策方針」**。

如果就這樣直接去回應對方的言行，會變成是在「處理不合拍的困擾」，此時就可能受到「帶著偏見的有色眼鏡」影響，在「無法控制的感覺」中解決問題，導致情緒激烈、意氣用事，難以有效地掌握全局，做出妥善、合宜的處置。

因此，先暫時「放過」，等找回「掌控感」之後，再來決定「接著要如何處理、實際上該怎麼做」，這才是重點。

想要順利控制現狀，第一步就是要取回「掌控感」。

這個方法和最初所說的想要控制現狀、改變一切，結果卻導致混亂的做法乍看有點類似，其實卻完全不同。

最初所說的做法，像是在玩永無止盡的打地鼠遊戲，不管怎麼打，地鼠還是不斷地出現，最後就引發「無法控制的感覺」；而這裡的建議，是要仔細判斷該打哪一隻地鼠，再採取最有效果的對策出手。

●我們是無法改變他人的

之前已經討論過，如果一開始就想要主導現狀，很可能會陷入「無法控制的感覺」。因此，在這裡希望大家記住的是：

基本上，我們是「無法改變他人」的。

每個人之所以會有如今的樣貌，都是經歷了各種狀況及事由之後呈現的結果，沒辦法直接就跳過這個結果，突然變成不一樣的人。

此外，所有人在「被強迫要改變」時，都會心生抗拒。

如果有人否定我們的現狀，還想逼我們做出改變，這樣的行為就會被視為「攻擊」。

而我們為了保護自己，也會表現出基本的生存反應，那就是「防衛」。

因此，很多時候**當我們想要改變對方，對方的態度只會變得越發固執、強硬，更是拒絕改變**。**不只如此，我們還可能遭遇對方的反擊，讓狀況更為棘手、複雜**。

改變，只會在「自己的領域」裡發生

當然，人是會向前邁進、追求成長的存在，所以絕對有能力改變。只不過，這必須發生在每個人的眾多經歷中最適當的時機。一般來說，人只要做好改變的準備，就一定能改變。換言之，變化會自然而然地在每個人的「領域」裡發生。如果時機未到，只是片面地基於自己的意念就去改變對方，這就是「領域的侵害」，此時對方自然會出現「防衛」的反應。

而他們若將自己的能量全都用於防衛，也就不會有心力繼續朝著更好的變化邁進。

「放過」，就是基於這樣的觀念所提出的建議。這也就是說：

人只會在自己想改變的時機改變，若被迫改變就會抗拒，而適得其反

←

當前想改變對方並沒有意義，只要時機到了，對方就會改變＝（放過）

其實，很多年長者都擅長對年輕人運用「放過力」。他們雖然覺得年輕人因不諳世事而未臻成熟的態度有些失禮，但還是會覺得「算了，年輕人嘛」，而輕輕放過。

事實上，年輕人也會在現實中累積各種經驗，然後逐漸改變自己。也可以說，就是因為旁人的寬容，才使他們得到了成長的空間。

如果我們不肯給年輕人機會，甚至直接否定他們的人格，他們或許會因此失去讓自己得以成長的基本自信。

那麼，在這種時候，年長者是對年輕人產生了「無法控制的感覺」，而感受到「不合拍的困擾」嗎？

並非是如此。

「算了，年輕人嘛」，這樣的態度其實是打從一開始，就沒把他們當成控制的對象。

「放過力」的想法基本上適用於所有人——換言之，也就是理解到「算了，反正他現在也沒辦法改變」，然後放過對方。

不要勉強壓抑受傷的心情

就算「不合拍的困擾」是源自於個人內心的傷口，原則也是一樣。

STEP 2 說過的「如果現在還無法面對，就暫時不要接觸」，基本上就是「放過力」的應用。

如果逼迫自己要以「必須開心對待不合拍的人」這種「形式」做為目標，可能就會對內心傷口的復原過程造成阻礙。

「現在這樣就好。如果直接與對方互動，只會讓彼此不愉快。所以還是保持距離吧，盡量不要太去在意對方。等再過一段時間，自己平靜、穩定下來了，再試著慢慢接觸就好。」

如果能這樣思考，應該就會重新獲得「掌控感」。

●理智上雖能諒解，情感上卻難以接受……

「對方也有自己的事由和問題，所以當下無法立刻改變。」

很多時候，這樣的狀況我們在理智上雖能理解，情感上卻難以接受。尤其對方若是自己的親人，我們就會更強烈地「希望對方能夠改變」，而且長久以來都如此企盼。也或者，有人是從小就一直「渴求著父母的關愛」，或是「期待父母能變得溫柔和藹」。

在這種情境下，我們在理智上雖然能夠理解「父母也有自己的原因與問題，所以無法變成我們期望的模樣」，但內心想必還是會殘留著無法消化的情緒。

身而為人，這是很自然的反應。

當我們失去自己最親近的人時，都必須經歷「處理悲傷的過程」，在內心體驗各種情緒，療癒失去造成的創傷，重新構築與過世者的關係，再漸漸對當下的一切敞開心胸。如果不經歷這樣的過程，就難以緩解內心的喪失感，也無法釋懷、坦然地面對「當前」的生活。

「放棄對方會改變的希望」雖不是死別，但也等於是和「想像中應該對孩子溫柔和藹的父母」告別，就某種意義上來說，也和處理悲傷時一樣，需要經歷相同的儀式。

因此，不必逼迫自己立刻要改變心情。

在這個過程中，可能有某些狀況會觸發負面的想法，讓人陷入「為什麼我的父母是這個樣子」、「為什麼只有我的父母無法改變」的情緒糾結裡。每當因此被困住時，如果可以明白——「自己目前只能處理到這個階段，這已經是自己試著去理解對方的極限了」，然後先讓自己再次回到原點，就不會因此迷失大致的方向，也得以在「處理悲傷的過程」中繼續前進。

放棄「對方應該會改變」的期望

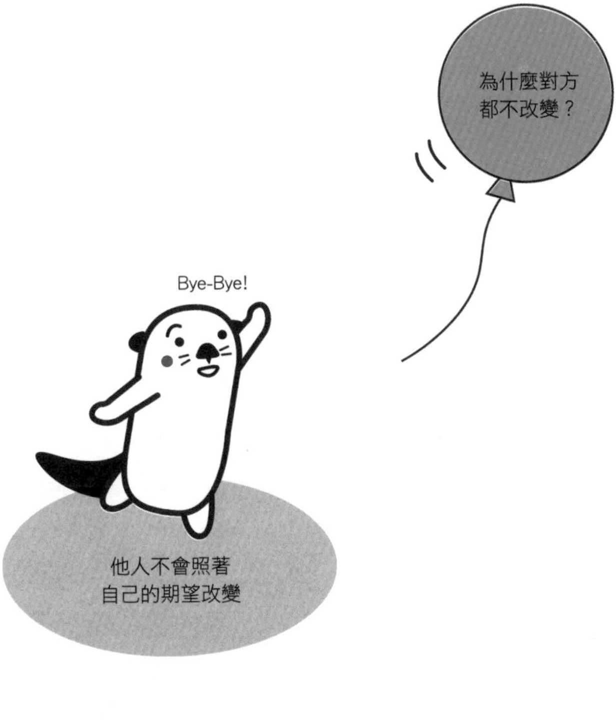
為什麼對方
都不改變？
Bye-Bye!
他人不會照著
自己的期望改變

這就像親近的人去世之後，每當我們的內心湧出「為什麼人會死去」、「為什麼再也見不到對方」的情緒時，就是讓自己一次又一次面對「原來他真的已經過世了」的現實，然後慢慢加以接受。

想要踏上這樣的過程，起步的原點就是——接受「父母不會改變」這個現實，並且疼惜自己「理智上雖能理解，情感上卻難以接受」的部分。

●如果還無法面對，就「放過」自己吧

我們很難放下對親人的期待，這個事實應該很容易引起大家的共鳴。然而，有時候即使關係沒那麼親近，我們在情感上還是難以接受對方。

舉例來說，看到在電車裡化妝的人，雖然我們理智上知道，「對方的『常識』之所以如此與眾不同，應該是有什麼原因」，但情感上還是會覺得「不可原諒」。

只是看著就很不愉快，無法控制自己的反感。明明未受到實際的傷害，卻還是擺脫不掉這股強烈的情緒。在這種時候，到底是發生了什麼事呢？

或許，那是因為「內心的傷口」在某種情境下被刺激了。

這種現象最常發生在「被嚴厲教養長大的人」身上。

這樣的人由於本身在成長過程中也遭到嚴格的評價與批判，被強迫接受「做人應該如此」的倫理規範，所以他們會認為，「自己為了成為合格的社會人，都這麼努力在忍耐了」，一旦看到別人輕易地踐踏這些規則，就會變得情緒激動。

與「內心傷口」相關的「不合拍困擾」，最簡單的處理方法就是「不想看的事情就別看」。因此，如果看到就會生氣、發怒，那就眼不見為淨。

況且，之前也提過人們有能力適應各種變化，如果那樣的情景在日後變得稀鬆平常，或許有一天自然就會習慣了。

最重要的是告訴自己——「覺得不合拍也沒關係」。

「雖然理智上知道對方應該是有什麼原因，情感上卻還是覺得困擾」，首先就從接受這樣的自己開始吧！

然而，無論是哪一種情境，若想試著去改變「覺得不合拍而困擾」的自己，很可能就會失去「掌控感」，無法造就正面的結果。

STEP 4 重點整理

如何擺脫「無法控制的感覺」？

❶

產生「不合拍的困擾」時，先運用「放過力」，
思考「對方應該是有什麼原因」

❷

「放過」之後，再尋求可以具體改善的狀況

❸

了解人只有在自己想改變時才會改變

❹

不要勉強壓抑受傷的心情

❺

一時還是「無法諒解對方」，就先不要接觸

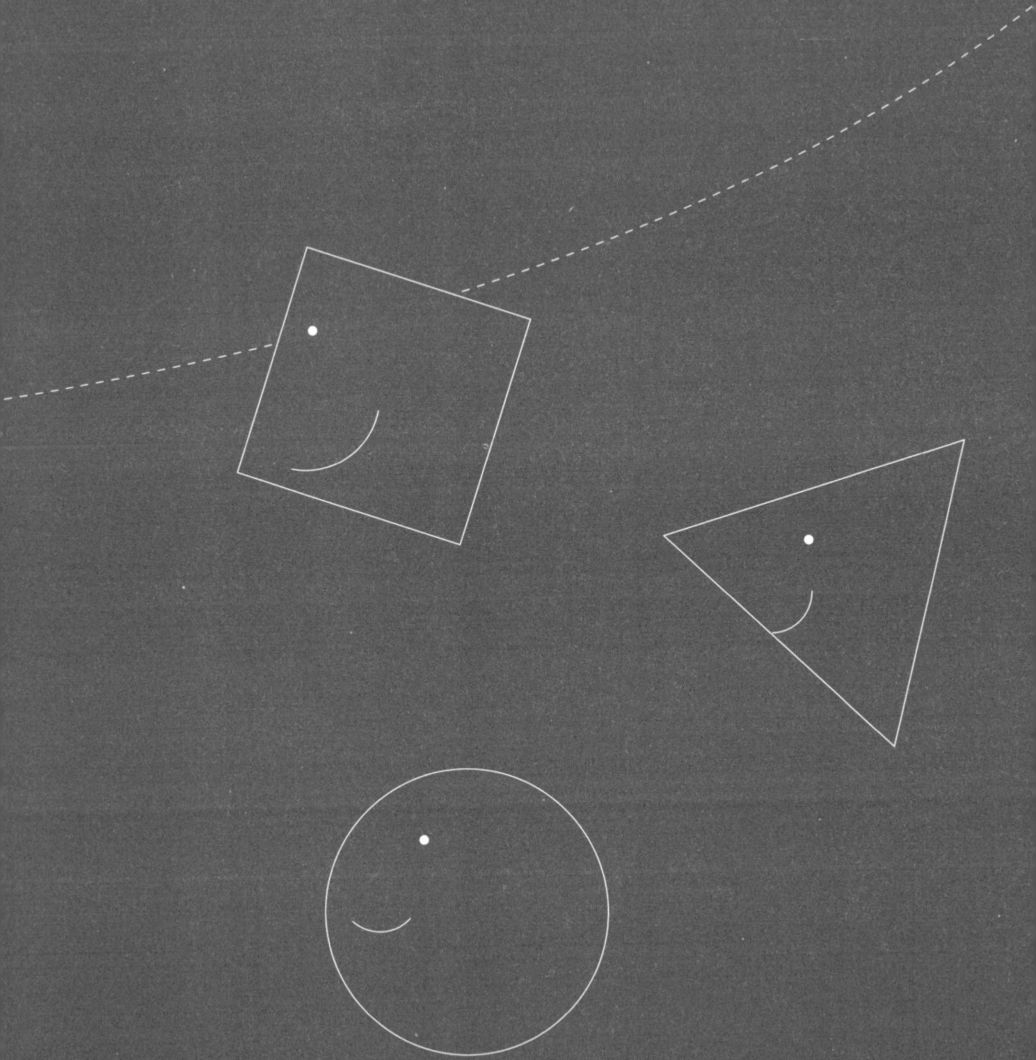

STEP 5

聰明應對，保持「剛剛好」的距離

尊重各自的「領域」，問題迎刃而解

與不合拍之人相處的重點，是要謹守「彼此的領域」。
背負著某些問題而做出過分行為的對方，
以及無法和對方好好相處的自己，
兩方的處境都一樣需要被溫柔地包容和理解，
讓彼此在互動中保持舒服的距離，安心做自己。

●對態度惡劣的人→直接用「放過力」解決

對方可能有什麼問題和原因，所以做出了不適當的行為。這是無法瞬間扭轉的態勢，就算想要改變也只會造成壓力，給自己帶來負面影響。

誠如以上各步驟的分析，我們（至少在理智上）應該已經能夠理解這一點，而這份理解，就足以幫助我們「直接應對」距離比較疏遠、關係沒那麼密切的對象。

就當成「對方應該是有什麼原因」，然後暫時放過。

這就是「解決的對策」。

確實，「暫時放過」這個戰略最為「節能省力」，不必採取任何行動。

我們就來看看實際的例子吧！

遇到「刻薄」、「偏心」的人怎麼辦？

例／主管說話總是尖酸刻薄，真不想去公司面對他。

如果是這種程度的惡劣，只要在心裡想著：「他會變得這麼尖酸刻薄，應該是過去有什麼複雜的經歷吧！如果他一直都是這樣，所到之處應該都會被討厭，唉，真令人同情。」

不要想著「自己被尖酸刻薄的言語攻擊」，而是把對方當成「只會尖酸刻薄說話」的人，應該就不會覺得上班那麼痛苦了。

例／公司的前輩對我很冷淡，卻對另一位同事很親切，真讓人不悅。

這種時候又該怎麼辦呢？

如果前輩對誰都很冷淡，就可以推敲出「他應該是有什麼原因」；但是，他偏偏只對自己冷淡，卻很照顧另一位同事，這又是為什麼呢？

這會讓人覺得根本就是自己有問題，實在很難「暫時放過」。

無論實情為何，**當對方以不公平的態度對待我們，癥結點通常都跟「內心的傷口」有關**。

但是，這並不代表自己真的傷害了對方。

前輩從前或許曾遭遇過某些經歷而失去自信，從此內心就存留著「自卑感」。所以眼前一旦出現了不會刺激到這份自卑感的後輩（例如經常笑臉迎人，聽到前輩無聊的笑話也笑得很開心，或是喜歡裝可愛、能夠帶給前輩身為男人的自信……等），自然而然就會「特別想跟那個人親近」吧！

此時，除非造成了實質的傷害，像是自己在工作上故意被排擠，否則就當成「這個前輩可能遭遇了很多事，才使得他如今根本沒有餘裕公平地對待別人」、「這個人就是喜歡跟自己撒嬌的人」，然後暫時放過，這對自己來說也比較「節能省力」。

至少，可以不用去聽對方講無聊的笑話。

遇到偏心的人，
先推測是內心有傷口

必須實際回應時，記得處理的順序

先前討論的都是「暫時放過」就可以的情形，但某些時候則有必要做出實際的「處置」。接著我們就來看看這些狀況的「因應之道」吧！

誠如之前所言，處理的順序非常重要。

不是立刻去處理對方讓自己「覺得不合拍而困擾」的言行，而是先認同「應該是有什麼原因，所以也沒辦法」的現狀，再來制定實際的戰略。

透過這樣的兩階段作業，我們就能帶著「掌控感」來處理眼前的事態。

此外，看到本書所餘的頁數，可能有人會想著「只剩下一點點了」，好不容易要開始說明實踐的方法，只剩這麼少的頁數沒問題嗎？會不會還沒講清楚就草草結束了？因而焦慮不安。

請大家放心，實踐方法的重點在前面的步驟中都已經提過，如果對目前為止所說明的內容都能夠理解，執行起來應該就不會太困難，請安心地繼續往下讀。

●對隨意論斷的人→把論斷留在「對方的領域」

就像32頁提過的例子，一旦被別人片面地論斷「你也討厭這樣吧」，現在我們已經能這樣思考：「這個人會變得主觀意識強烈、喜歡論斷他人，應該是有什麼原因吧。」

首先，確實建立起「掌控感」的基礎。

以此為據，再來思考該如何回應對方的發言。

當然，我們不可能眼睜睜看著對方就這樣侵入自己的「領域」。

為了不讓「領域受到侵害」，一般人率先想到的，應該都是告訴對方「不要自作主張」吧？

但是，對方不見得明白自己「侵害了他人的領域」（若有此自覺，基本上就不會說出這種專斷的言語），如果直接告訴他「不要自作主張」，其實就是在控制對方的行為，以對方的角度來看，也等於在「侵害他的領域」。

把「論斷他人」視為理所當然的人，幾乎都不會意識到自己的「論斷」是在「侵害他人的領域」，所以一旦對他說：「不要自作主張，這是我才能決定的事。」他反而會受傷，覺得「自己並沒有那個意思」。

既不想讓「自己的領域」受到侵害。

也不想為了阻止對方而侵害「對方的領域」。

這種時候該怎麼辦呢？

答案只有一個，那就是——**一開始就不要當成這是「領域的侵害」**。

這樣回答，守護好自己的領域

當對方擅自論斷「你也討厭這樣吧」，無論回答「是」或「不是」、還是駁斥對方「不要自作主張」，全都是因為覺得對方「侵害了自己的領域」，而做出的反應。

但是，我們也可以改弦易轍、另謀他法。

那就是劃清界限，明確地把「對方說的話，都當成是『對方的領域』裡所發生的事」。

具體來說，就是當對方片面論斷「你也討厭這樣吧」，只要回答：「是喔，原來你是這樣想啊。」

這只是承認對方在「他自己的領域」裡是這麼想而已，就像聽到有人說「我不敢吃納豆」，我們通常會回答：「是喔，原來你不敢吃納豆啊。」僅止於這樣的程度。

重點就在於，不要洩漏「自己的領域」裡的任何訊息。

無論喜歡或討厭都不要說。

換言之，對方只是在「他自己的領域」裡做出了某種論斷，但這和「我們自己的領域」沒有任何直接的關係。

不要看成是
「領域受到侵害」

同樣地，35頁例子中的那個男友如果說：「我都在忍了，你也應該忍耐才對。」也只需要回應：「是喔，你是這麼覺得啊。」或者「是喔，你希望我這樣啊。」

如果對方隨即結束這個話題，狀況也就解除了。但要是對方對於本身的「領域」缺乏自信，反而得寸進尺地侵逼，就已經到達精神暴力的程度，最好重新思考自己與對方的關係。

●對過度干涉的人→不必洩漏「自我領域」的訊息

例／朋友總是不停勸說「這樣做比較好」，跟他相處很困擾。

勸說其實是典型的「侵害領域」行為。

當人們受到勸說，就會產生「你根本什麼都不懂」、「做得到我早就做了」、「多事」或「囉嗦」的感受，無論哪一種，都是自己的領域受到侵害時的反應。

話雖如此，如果直接回絕對方，教他「不要干涉」，很可能影響人際關係的融洽，也等於承認對方「侵害了自己的領域」。

所以，碰到這種狀況時，同樣也不要當成是「領域的侵害」。

對方會提出勸說，是因為他們考量到自己會受到的影響而不安，所以無法忍受。

也或者，他們是太急著想要幫助自己。

無論原因為何，那都是「對方的領域」裡的事。

因此，只要回答對方：「謝謝你擔心我。」或是「真能這樣就太好了。」用這樣的應對方式，將這些勸說劃定在「對方的領域」裡。

另外，如果是真正很親近的人，也有可能是「假的不合拍」，這個重點要多加留意。此時可以跟對方說——

「被你這樣勸說我會有壓力，你只要默默守護我，我就很感激了。」

或是「我不需要建議，能不能聽我說就好呢？」

如果對方因此就聽從你的意思停止勸說，他很可能只是不知道「勸說會帶給對方負擔」而已。

例／「放假去哪裡啦？」同事老愛干涉我的私生活，實在很煩人。

一旦把同事的這項行為看成是「干涉自己的私生活」，就等於視為「領域的侵害」。此時也要先放下這樣的認知，才能消除「不合拍的困擾」。

最簡單的做法是——用說笑的口吻回問對方：「你很在意我的事喔？」這樣的回應和自己假日去了哪裡完全沒有關係，而是用「對方似乎很在意這件事」的說法，將話題限制在「對方的領域」裡。

由此看來，訣竅其實出乎意料地容易。

如果將這些狀況全都看成是發生在「對方的領域」，自己就不會成為當事者，而有餘裕從容地應對，更能實際體會到本身擁有的「掌控感」。

將對方的發言界定在「對方的領域」

●對缺乏「常識」的人→只需傳達「自己的期待」

例／老是喜歡自我吹噓的男性朋友讓人厭煩。

這種人就是所謂的「顧人怨」吧！

我們會覺得這種人「不合拍、不對盤」而困擾，主要當然是因為對方「缺乏常識」。

大部分具備「做人最好盡量謙虛」這種「常識」的人，對於這樣的男性應該都會覺得：「只會吹噓說大話，都不覺得害臊嗎？」

當然，如果對方的表現已經非常露骨，恐怕就是有某些原由了，即使提醒對方「吹噓過頭了，感覺不太好喔」，也不太容易立刻改善現狀（不過，這也有可能是未經驗證的「假的不合拍」，如果彼此關係還夠親近，倒是可以姑且一試）。

為了與「缺乏常識」的人在相處時保有「掌控感」，就必須先把「常識」放到一邊。

當我們對別人有所期待，總是會太過依賴「常識」，覺得就算不必一一說明，對方也「應該理解」。

但是，對於「缺乏常識」的人來說，這種方法當然不管用，必須從零開始說清楚講明白。

每個人所具備的「常識」各有不同

仔細想想，我們所謂的「常識」，說到底也只是「自己認定的常識」。每個人都會基於成長的經歷和現今的處境，養成不同的「常識」。說得更宏觀一點，在日本所謂的「常識」，到了國外可能就變成「不合常識」。

只依據「自己的常識」，然後以「對方應該要理解」為前提進行溝通，

也等於是對「領域」的界限欠缺明確的認知。

既然是「自己的常識」，那就只是「自己的領域」裡的「常識」。硬是認為「對方應該要理解」自己的「常識」，某種程度上也算是侵害了「對方的領域」。

當然，並非所有的關係都要以如此嚴格的方式來檢視。

大多數人共有的「常識」確實存在，人類社會的成立也有相當程度是以此為基礎，但若將這些常識視為絕對的真理，就很可能造成諸多偏差。

每個人所具備的「常識」各有不同，這一點希望大家能謹記在心。

不依賴常識，只傳達「對對方的期待」

如果想跟喜歡吹噓的男性朋友繼續保持友誼，之前所提的「暫時放過」這個方法也很有效。

一般來說，喜歡吹噓的人都缺乏自信，他們必須不斷向人誇耀「我真的很厲害喔」，再從對方那裡獲得「好棒啊」的肯定，否則就無所依恃。

因此，我們可以附和對方：「哇，好棒啊。」然後在心裡跟對方說：「其實你不用一直吹噓也沒關係的，真是辛苦了。」如此一來，應該就不會太過煩躁。

若想改變話題，則可以跟對方說：「哪哪哪，你也聽我炫耀一下吧。」或是「聽到你這麼厲害，我都失去自信了，覺得好洩氣，還是跟我說說別的事吧。」

由於對方其實是缺乏自信的，要是別人突然說起「聽到你這麼厲害，我覺得好洩氣」，他們有時反而會收斂起來，溫和地說道：「其實我也沒有這麼厲害啦。」

這種處理方式，就是不依賴「做人最好盡量謙虛」的「常識」，而只是明確表達自己「想和對方維持這樣的關係」、「希望對方跟自己說話時可以多注意這一點」的「期待」。

而此時該掌握的重點，還是不要侵害「對方的領域」。

只要告訴對方——「也聽聽我的事蹟吧」、「這樣我會好沮喪喔，跟我說說別的吧」，表達這些「自我領域」裡的事就好。

如果都已經這麼說，對方還是依然故我，那也許你就該認真思考，為什麼要和這樣的人一直維持友誼了。

●對自我中心的人→只用自己想要的方式相處

例／自己出狀況就來求救，別人有麻煩卻視而不見，這種朋友讓人惱火。

這世上的確有不具備「互相」這種「常識」的人，但是會到這麼誇張的地步，背後一定有相當的原因。

也許他已經完全沒有餘裕顧及別人，或者他沒有「同理」別人困難的能力，無論是哪一種狀況，對方都是背負著某些「問題」、「隱情」的人。只要知道對方有其「隱情」，有些人或許就會覺得「那也難怪了」，然後接受現狀。

另一個選擇，則是跟這個朋友相處時，乾脆放棄「互相」這項「自己的常識」。

就像51頁提過的，「互相」的意識必須要雙方都具備才得以成立。

而**放棄「互相」**這項**「常識」，就是指即使對方拜託你，除非真的是事態嚴重（例如結果將對自己的工作造成損害），否則就不會提供幫助。**

如果要幫忙，也是因為自己想做才做

當然，或許有人會認為，不管對方有何表現，自己身而為人，還是想對有難之人伸出援手。此時就必須體認到，這是在「自己的領域」裡所做出的判斷，擁有這樣的自覺——「這是『自己』身而為人想做的事，跟『對方的領域』（是否會回饋）沒有關係。」

或許這會讓人感覺有一點吃虧，但無論對方如何作為，能在「自己的領域」裡做出判斷，同時承擔起自己「身而為人的責任」，這樣的態度其實非常帥氣，「掌控感」也會隨之增強。

不要跟對方
用「常識」拔河

● 對閉口不言的人→就這樣擱置處理

理想中的「互動」，是大家都能各別為自己的「領域」負責，並且尊重對方的「領域」，清楚、明確地用言語表達自己的想法。

很可惜的是，我們在STEP 1已經知道，不是每個人都有能力進行理想中的「互動」。如果一心只想追求這種結果，當事態發展超乎自己預期，就會引發「無法控制的感覺」。除非我們接受這個現實——「這個人就是無法和我進行理想的互動」，否則就會在原地卡關，無法前進。

每個人都會因為自己背負的問題或事由，而表現出不同的「互動」方式。只要我們認同，無法進行「理想互動」的人一定背負著某些問題或原因，再藉此確立自己的「互動」方式，就能培養出良好的「掌控感」。

沒有說出口的事，就視為不存在

若從每個人都有各自的「領域」來考量，最了解「自己的領域」，而且能將其表現出來的，只有自己本身。心思難測的人，基本上就是沒有為「自己的領域」負起責任，明確傳達出自己的想法。

如果我們一直疑神疑鬼地揣測：「對方到底在想些什麼……？」「掌控感」就會逐漸動搖。與其如此，還不如接受這個現實——

「既然對方什麼都不說，就代表他現在什麼都不想說、或是無可奉告，也可能是他其實沒有任何想法。」

如果再追究下去，就可能變成「侵害對方的領域」了。

此外，**如果只因對方什麼都不說，就一直順從地看他臉色，也會讓對方變成無法為「自己的領域」負起責任的人。**人與人之間的關係並不是天生就存在的，而是需要培養、經營。貫徹「既然不說，就以平常心對待」的方針，才能培養出尊重彼此「領域」、豐富又和諧的關係。

既然「什麼都不說」，就放著不管吧

●對強詞奪理的人→給予撫慰的話語

面對強詞奪理、恐慌焦躁的人，**就不要當他是在「講道理」，而是在「表達情緒」，朝這個方向處置會比較正確**。

因為對方羞於展現自己的情感，才會用一堆道理去包裝，說到底他只是陷入恐慌、想發洩情緒而已。

所以，遇到這樣的人，第一步就是放棄跟對方「爭辯道理」。

對方到底是因為哪件事陷入恐慌？

對方究竟是為了什麼感到不安？

要怎麼做才能讓他放心？

有必要做些實際上的處置嗎？

或者只需要聽他說話，讓他發洩情緒就好了？

會發生這樣的狀況，往往是因為對方無法接受自己犯下的錯誤，只好用強詞奪理的方式，把情緒發洩到別人身上。

此時為了盡快安撫對方的情緒，即便是表面上的賠禮也好，可以跟他說聲「不好意思」、「是我不好」，向對方展現出自己的誠懇與親切。

這並不是「謝罪」，而是一種「撫慰」。

等到對方不再恐慌、冷靜下來之後，說不定就會自我反省，回過頭來向你表達歉意：「其實我也有錯」、「剛才我說得太過分了」。

●遭遇攻擊時，如何不讓自己受傷？

到目前為主，我們已經看了不少「不合拍對象」的因應之道，這些方法可以適用於職場、學校、家人、親戚、夥伴……等許多在生活中一定得相處的「不合拍」之人。

與這些人相處的重點，就是要謹守「彼此的領域」。例如，即使我們有事要拜託對方，也必須僅限在「自己的領域」裡表達這項請求。

因此，我們不是跟對方說「因為是你不對，所以你要改變」；而是要說「我覺得很困擾」、「如果可以這樣，我會很感激」。

一般來說，只要自己的「領域」沒有受到侵害，人們就不會陷入過度防衛的狀態，而是能有餘裕去幫助困擾者。

但在這其中，有些人也可能患有心理疾病或發展障礙，或只是當天心情極端惡劣，明明沒有人侵害他們的「領域」，卻表現出遭受侵害的反應，甚至有攻擊的行為。

這時，只要想著對方「可能有重大的隱情」就好。

當然，我們可能會受到相當的衝擊，但沒有必要懷疑自己做錯了什麼。

找回「掌控感」的第一步，就是認同對方應該有其原因。而「不合拍的困擾」既是來自「無法控制的感覺」，只要隨時隨地堅守自己與他人「互動」的基準，就能有效地從這種困擾中解放，重獲自由。

而所謂的基準，即是之前提過的「對閉口不言的人，就擱置處理」、「對強詞奪理的人，就安撫他的情緒」、「只在『自己的領域』裡說話，對方若有過度防衛的反應，就視為『他可能有重大的隱情』，先暫時放過」，這就是妥善的應對方法。

●無論如何都想改變對方的行為……

對於某個人，雖然還不到「不合拍而深感困擾」的程度，卻對他的「某個部分」很感冒，所以會希望「如果對方的〇〇可以改變就好了」。而「只要改變某個部分就好」的情境，也有「可能」和「不可能」兩種類型。

144頁曾經提過，「我們是無法改變他人的。」但其實還是有可以調整的部分，那就是「具體的行為」。

例/男友對店員的態度蠻橫粗魯，讓人很不舒服，所以想跟他分手。

類似這樣的情境，或許可以具體地告訴對方：「我不喜歡你叫店員時都『喂』來『喂』去，能不能改口一下呢。」說不定對方就會有所改善。

或者說：「我希望你點菜時口吻可以客氣一點。」對方也有可能就此修正自己的態度。

然而，在請求對方改善態度時，必須留意不要侵害到「對方的領域」。不是用論斷的方式批評對方：「你這個樣子真的很沒禮貌。」而是像這樣提出請求：「看到你跟店員說話的樣子，感覺好嚇人喔。你明明是個很溫柔的人，這一點我很清楚，但是店裡的人並不知道啊，要是他們誤會你，結果生氣了怎麼辦？我好擔心。所以拜託啦，以後可以再溫柔一點嗎？」

在後者的說法中，主詞是「我」，所有用語都限制在自己這一方的「領域」，這樣就不至於會激發對方的「防衛反應」。接著男友便會發現，原來自己之前的行為是如此讓女友擔心受怕，如果他真的很重視女友，應該就會努力改善態度了。

每個人的言行，都反映出本身的人格

然而，實際上有很多狀況都不會這麼單純。

一個人對待他人的態度，往往會顯現出他所背負的問題與原因，所以並不是一朝一夕就能轉變。

一個人的言行，通常都反映出本身的人格。人格不是機器零件，出了問題只要更換就好，每一項人格特質的養成，都有它不為人知的背景與事由。

蠻橫對待店員的男友，很可能在成長過程中從未受過「對任何人都要客氣有禮」這種價值觀的薰陶。

如果他的父母抱持著「對任何人都要客氣有禮」的價值觀，而他自己也是在重視禮節、溫暖親切的環境裡長大成人，他通常就會將這種價值觀加以內化。

然而，他的父母也可能從未對人抱持敬意，而是信服「弱肉強食、適者生存」這種觀念的人。

或者，他的父母嘴裡說著「對任何人都要客氣有禮」，對自己兒子的態度卻並非如此。

也說不定，他過去確實是認同父母謙和有禮的價值觀，卻遭遇了顛覆他原本想法的慘痛經驗。

這其中有著各式各樣的可能性。

不管是哪一種狀況，這種蠻橫粗魯的態度多少都已經獲得了他的「認同」，所以他才會有這樣的表現。因此，單單只是想要改變這個部分，可能會相當困難。

不只如此，連他現在對待女友溫柔的態度，都有可能在未來變得蠻橫粗魯，這一點也需要事先考慮。

表面上的「缺點」，也可能變成「優勢」

不過，就算對方的行為沒有改變，也不一定只會造就負面的結果。

擁有某些特質的人，雖然表面上看似是缺點，但也有可能在其他地方發揮作用而變成優勢。

舉例來說，有些人的缺點是「愛管閒事」，但這項特質也可能發揮正面效益。如果用「這種事只能拜託你了」這樣的說法去打動他們的古道熱腸，對方提供的幫助往往會盡心到讓人感動。

此外，「個性剛烈」、三不五時就大發雷霆，在這項讓人討厭的性格特質背後，我們或許也會發現，對方其實是個單純直接、不記仇的人。

那純粹只是一項人格特質，而不是與生俱來的「缺點」。

從這個角度來思考，與其一直抱著「如果對方的〇〇可以改變就好了」這種無法滿足的期望，還不如想想「如何讓對方的〇〇變成可以有效發揮的優勢」，反而更為積極正面。

至少，在別人眼中「死纏爛打」、「緊追不捨」的人，另一面也可能隱含著「韌性十足」、「態度堅定」的優勢。這麼一想，原本認為「不合拍」的感覺，說不定又會有所轉變。

切斷關係，不見得是真的自由了

我們已經在本書中看到了各種從「不合拍的困擾」中解放、重獲自由的方法，而就某種意義上來說，直接和「不合拍的人」切斷關係，是其中最短視的一種。現實中，的確也有人就是這樣一直和他人切斷關係。

當然，人與人之間的關係並非是強制性的，是否要與他人切斷關係，完全是個人的自由。

但是，就算切斷關係，若還是持續處在「不願意想起」、「一想到就很痛苦」的狀態，就很難說自己是真的「自由」了。我們甚至可以說，這還是被「不合拍的困擾」束縛著、綑綁著。

就算要「切斷」，也必須先「放過」

過去曾和他人切斷關係、或是即將要這麼做的人，無論是哪一種情況，都先來進行「放過」的儀式吧！——也就是讓自己體認到，「對方之所以做出如此不適切的行為，背後應該是有什麼原因。」

雖然對方應該是有其原因，但這並不代表自己就要完全接受對方的言行舉止。**如果跟對方在一起，自己就會受到傷害、充滿壓力，使人生品質變得低下，當然就沒有必要勉強相處**。特別是會嚴重「侵害領域」的人，和他們在一起甚至可能會導致心靈生病。

「自己的領域」只有自己能夠負責，因此，能夠發現「和那個人在一起會生病」、並且做出應對處置的人，也只有我們自己。

雖然我們可以體諒「應該有重大原因」這個「對方的領域」，但也需要對「和這個人在一起我會生病」這個「自己的領域」負起責任，最後選擇保持距離，這是身為成熟的大人所應表現的負責行為。

放手吧！
忘掉過去的「不合拍」

然而，如果不歷經這樣的儀式去考量雙方的處境，無論事過境遷多久，我們還是會一直抱持著「疑問」，難以理解對方「為何要對我做出那麼過分的事」，甚至苛責自己「要是能再努力一下，說不定就沒事了」。

不得不做出過分行為的對方、以及無法和對方繼續相處的自己，兩方所背負的問題與原因，都一樣需要被溫柔地包容和體諒。

●對無法遠離的親人，在精神上做出切割

雖然切斷關係也是一種方法，但像父母這樣的近親，就是再怎麼樣都難以切斷關係的人。不過在這種情況下，還是有可能保持「距離」。

當然，想要保持「物理上」的距離也許比較困難，但至少可以保持「精神上」的距離。

所謂保持「精神上」的距離，並不是無視對方，而是斷然堅守「自己的領域」。實際的方法在之前已經說得非常詳盡，只不過面對的若是父母、親人，「領域」的感覺往往會變得曖昧籠統，所以有必要展現出「斷然堅守」的態度。

而所謂的「斷然堅守」，當然並非是指攻擊、挑釁的態度。

例／**婆婆非常嘮叨，真的很讓人困擾。**

這種時候，斷然堅守「自我領域」的方法，就是168頁所說的——將所有的狀況全都設定成是發生在「對方的領域」。

只要將彼此的互動，全都限制在「原來婆婆是這麼想」的框架裡就好。

例如，婆婆要是說：「房間角落堆了很多灰塵喔。」就只要回答：「哎呀？堆了很多嗎？」這樣就行了。

把這句話定義為「婆婆發現灰塵了」這樣的程度，而不要對號入座，讓它變成是「自己被批評了」、「被責備房間沒有打掃乾淨」等指涉「自我領域」的說法。如果想在應對上表現得更柔軟，還可以用「婆婆真的好細心喔～～」這樣的方式去稱讚對方。

就像這樣，只要堅守自己的「領域」意識，就能在精神上保持安全的距離。

如何溝通，才是尊重彼此的「領域」？

❶

對態度惡劣的人，
先暫時「放過」不理

❷

對隨意論斷的人，
只要回應「原來你是這樣想啊。」

❸

對干涉私事的人，
笑問對方「你很在意我喔？」

❹

對喜歡吹噓的人，
讓對方「也聽聽你的炫耀」

❺

對恐慌焦躁的人，
用「是我不好」安撫對方

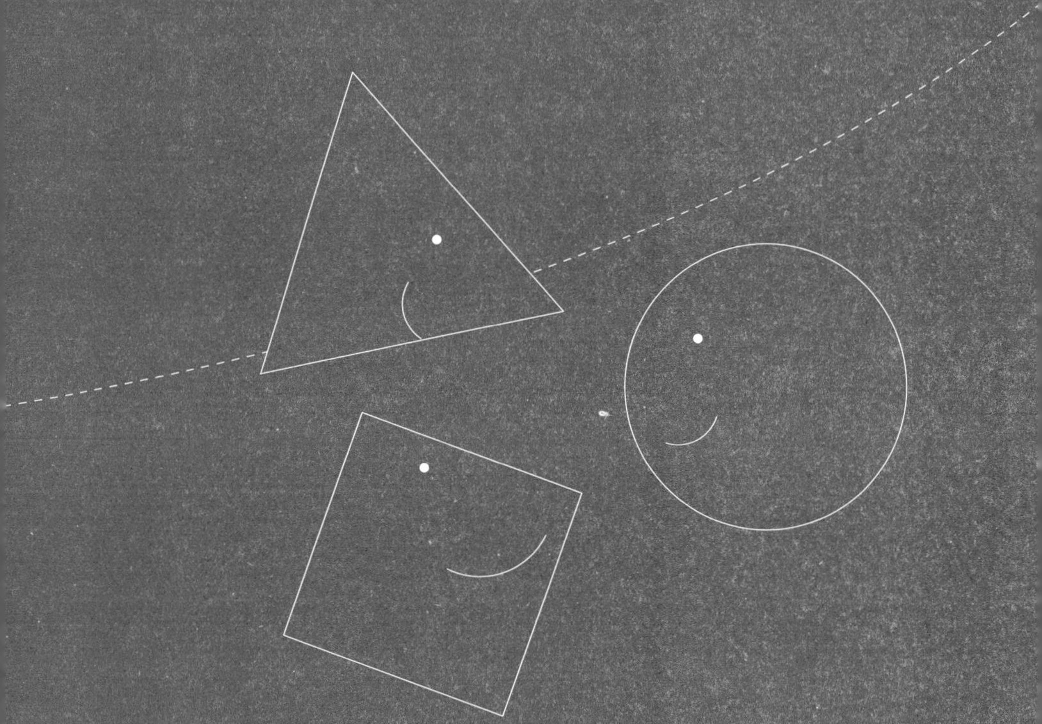

STEP

別成為「他人的不合拍對象」

讓所有人都願意支持你

想得到他人的支持與協助，
必須不讓對方覺得你是「不合拍的頭痛人物」。
展現尊重對方領域的態度，傾聽、體諒對方的心情，
當對方覺得你是「只要溝通就能理解」的人，
就會產生安心感及信賴感，願意為你傾盡全力。

●在所有的人際關係中找回「掌控感」

在本書的最後，我們再來看看，除了面對「不合拍的人」之外，還要如何在所有的人際關係中找回「掌控感」。

如果任何人我們都能自在應對，甚至只要我們願意，還能讓對方站在自己這一邊成為盟友，擁有這樣的自信，感覺一定很棒吧！

那要怎麼做，才有可能辦到呢？

重點就在於——**如果希望別人支持你，就必須不讓對方覺得你是「不合拍的頭痛人物」**。

有些人可能會以為，想讓對方支持自己，只要拜託對方「站在自己這一邊」就好，但這樣不僅會讓對方有被迫就範的感覺，也會使講究公平的人心生反感。

此外，也有人不喜歡被他人要求，結果「本來是想支持你的」，卻因此覺得厭煩。還有人則會反彈，認為「你憑什麼命令我」，反而造成「領域的侵害」。

即使是起初想擁護你的人，一旦感受到「領域被侵害」，就會啟動防衛反應，而失去支持的意願。

由此可知，比起去拜託對方「站在自己這一邊」，不讓對方覺得我們是「不合拍的頭痛人物」，這個方法反而更為徹底、有效。

換言之，也就是幫助對方走過本書先前引領我們穿越的那段路程。

我們在70頁已經看過，一旦湧現「無法控制的感覺」，難以輕鬆地做自己時會有什麼狀況。當人有了可以「做自己」的餘裕，就會展現最親切、寬大的胸襟，也能自在地發揮本身的力量。

當然，我們也可以刻意去侵害「對方的領域」，強迫對方為自己所用，但是這個方法通常都會引發強烈的抗拒感，對方難以發自內心由衷地幫助我們，甚至可能在只差一步的最後關頭扯後腿、搞破壞。

況且，如果心懷抗拒，每次想要努力都會疲累不堪，即使對方被迫必須行動，也可能很快就燃燒殆盡、欲振乏力了。

●別人也不一定要覺得你「合拍」

為了不讓對方覺得我們是不合拍的人，就必須接受對方「原本的樣貌」，即使他現在正覺得我們不對盤、很討厭，也一樣要接受。

想要讓對方支持自己，就必須接受對方「覺得我們不合拍」的「真實樣貌」，也就是面對「對方覺得我不合拍而困擾」這個現實。但是，就算對方這麼認為，我們也無需反省「自己是不是哪裡做錯了」。

之前已經提過，不合拍的困擾並不一定出自對方的行為，有時也可能是本人「內心的傷口」所導致。換言之，就算我們沒做錯什麼，但若有某些因素刺激到了對方「內心的傷口」，就會使對方產生不合拍的困擾，這是很有可能發生的事。

事實上，這個「內心傷口」的問題包含的範圍非常廣泛。

舉例來說，大家可曾遇見過這樣的人——不知道為什麼，就是「個性難搞、愛鬧彆扭，常跟人過不去」？

「個性難搞、愛鬧彆扭」的人，往往都背負著「過去一直不被尊重」、「不斷受到輕視」的內心傷口，渴望求得關注。我們只是尋常地表現出「社會人」公事公辦的應對態度，結果卻刺激到對方，讓他覺得「受到輕視」。

對於背負著這些傷口的人，就要接受他原本的樣貌，盡量尊重他的意見，同時表明自己絕對無意輕視他。當對方感覺到「這個人能夠理解別人、態度成熟」時，應該就會站在這一邊支持你了。

展現尊重，緩解對方的「無法控制感」

基本上，當我們「真誠地善待對方，但對方還是跟我們很疏遠」，也很可能是因為對方有著「內心的傷口」。

當我們的人格遭到嚴重否定而使內心受創，就會留下陰影，覺得「人是很可怕的存在」、「自己實在很糟糕、差勁」。無論是哪一種感受，都與「無法控制感」有關。

因為不解對方到底有何目的，所以一旦遭受這樣的對待，不僅手足無措，甚至會覺得大概是自己有問題，才會引發別人的攻擊。

想要療癒「內心的傷口」，就必須擺脫這些「無法控制的感覺」，重新振作起來，告訴自己：「沒關係，大多數的人都是滿懷善意的，所以不要害怕。那些說話傷人的人，是因為本身背負著某些問題。」「我已經盡其所能努力了，所以現在這樣就好。」

換言之，也就是幫助自己培養健康的「掌控感」。

因此，我們應該注意的是，不要再增強對方的「無法控制感」。至於要如何做到，這也是本書的精華重點，我們就來整理一下吧！

1. 表現明確的態度，讓對方理解自己毫無侵害對方「領域」的意圖。

2. 讓對方知道，自己會努力尊重對方的「常識」。

3. 行動的原則要簡單清楚，絕對不要感情用事。

4. 保持積極的「互動」，特別是要仔細傾聽、理解對方的想法。

就算對方的反應不是很正面，但只要自己堅持下去，總有一天對方會擺脫不合拍的困擾，轉而真心地支持我們。

即便是實在很難攻克的對象，也可以借助他人之力。

如果自己是容易刺激對方內心傷口的類型（這種狀況多半是原因不明），就向不會刺激到對方的第三者求助。一旦有足以信任的人物居中協調，使對方願意敞開心胸，事態就比較容易有所進展。

●放棄「己見」，尋求「總論」

只要對方認為我們是可以建立「共識」的對象，我們就更容易得到對方的幫忙。所謂物以類聚，價值觀相近的人通常都比較會互助協力。

但實際上，我們跟自己覺得不合拍的對象往往很難「達成共識」；反過來說，要是對方認為我們不對盤，也會有同樣的感受。這時該怎麼辦呢？

人類是非常多樣化的存在。

比方說，大多數的人都會贊成「親切待人，自己也會開心」這一項「總論」，但每個人對於「親切」的定義為何，某項特定的行為是否稱得上「親切」，也可能各持己見、眾說紛紜。

換言之，自己覺得是「常識」的事，對方也可能認為「有點超過了」；

讓對方恐慌不安的事，在自己看來也可能完全「無法理解」，甚至覺得對方「想太多」。

然而，以對方所認知的「常識」來考量，那些事情或許確實會引發「不安」，這時如果還不斷跟對方說：「你想太多了。」「那很正常嘛！」自然只會加深彼此之間的「落差」，讓對方覺得我們不合拍而起反感，也更不可能得到對方真心的支持。

彼此之間的落差與違和感，會形成「不合拍」的情境，進而引發「沒有共識」、「自己受到否定」的困擾情緒。

這種時候，比較適當的做法是「放棄己見，尋求總論」。

會對「什麼樣的事」感到不安，是屬於個人「己見」，所以自有差異；但「不安」這種情緒，則是所有人共通同有的「總論」。

碰觸到熱的東西會覺得「熱」，這是所有人類共通的感覺；「不安」也一樣，是所有人類都能體會的情緒。

「放棄己見，尋求總論」的意思就是，努力去「放寬常識的範圍」。

當我們基於自己認定的常識，而對別人的反應產生「咦？居然會為這種事不安？」的感覺，就可以試著去「放寬常識的範圍」，讓自己和對方共同具備這種更普遍的「常識」——「一直都這麼不安，實在很辛苦呢。」

●成為對方心目中「充滿理解」的人

想讓別人成為自己的助力，最重要的就是「互動」。

當然，除了自己這一方需要明確表達本身的意圖和做法，若想獲得對方真心、樂意的協助，關鍵就是要讓對方覺得「有人很懂得他們的心情」。

人們通常會為了理解自己的人、接受自己原本樣貌的人，欣然地給予奧援與支持。因此，在與對方進行「互動」時，要特別仔細傾聽對方的想法。

當然，我們不太可能全然接受他人的意見，而碰上這種狀況時，就只要像之前所說的——「放棄己見，尋求總論」。

如果從自己的角度來看，會覺得對方「想太多」，通常也意味著自己與對方是欠缺共鳴的；但是，我們至少可以從「總論」的觀點，去同理對方的感受──「雖然不知道詳情究竟為何，但一直處於不安的情緒中，一定很辛苦吧。」

因此，當對方向我們訴說內心的不安時，就全然接受對方的情緒，告訴他：「這樣不安真的很辛苦呢。如果有人聽你說說會讓你輕鬆一些，就儘管說吧，我都會聽。」即使無法確實理解對方的不安所為何來，至少能夠這樣傾聽，就足以讓對方安心。

認真傾聽、理解對方的心情

人只要一開始湧現不安的感覺，就會不斷在腦中膨脹、擴散。此時這份不安若能找到宣洩的管道，就會輕鬆許多，如果還有人願意傾聽、支持自己，情緒也更容易緩解。

然而，如果只是跟對方說：「會不會想太多了？」「怎麼會擔心這種事，真奇怪。」或是「明明這樣就可以馬上解決了，為什麼不做？」不但會讓對方越發焦慮，這種否定對方情緒的說法，還會直接變成「領域的侵害」。如此一來，別說是要讓對方覺得「有人傾聽他的煩惱」了，反而還會激起對方的防衛反應，覺得我們「什麼都不懂」，進而心生不滿。

認真傾聽對方的想法、試著體諒他們的心情，對方就會覺得你是「只要溝通就能理解」的人，對你抱持安心感及信賴感。

自然而然地，他們也會產生「願意為了這樣的人傾盡全力」的想法。

認同對方在受限處境中的努力

還有一點更重要的是，認同對方的努力，同時表達出自己的感謝。

從對方的角度來看，能夠認同自己的努力並表達感謝的人，才是真正的「盟友」。

所謂認同對方的努力，關鍵就在於：理解對方目前所在的處境。

就如191頁提到「缺點的另一面」時所說，每個人都有屬於自己的特質，

每個人都喜歡
「能理解自己的人」

有時它會做為缺點顯現出來，但有時也會成為強大的優勢。

一般來說，每個人都想待在最容易揮灑自如的「地盤」裡發揮能力，此時也能締造最佳的成果。然而，我們往往都會受到環境的制約，很難順利地待在自己的「地盤」裡。

處於這種受限的情境時，我們更應該肯定努力的過程，而不只是關注最後的成果。

「狀況如此艱難，你還能這麼努力，真是辛苦了。」有時候光是聽到這句話，就能讓對方打從心底真誠地支持我們，成為我們的盟友。

什麼樣的人，不會讓人覺得「不合拍」？

❶

就算別人覺得自己「不對盤」，
還是能接受這個事實

❷

尊重對方的「常識」，不侵害「領域」

❸

言行舉止不會讓對方疑惑費解

❹

不堅持「己見」，只尋求「總論」

❺

願意傾聽、理解他人

結語

「掌控感」是人生幸福的關鍵

為了幫助大家與「不合拍的人」順利相處，本書討論了許多消除「無法控制感」的方法，或許有很多人已經減輕了這樣的困擾。

如今，取代「無法控制感」的應該是「能夠掌握全局」、覺得「沒關係，總會有辦法」的「掌控感」。

其實，「掌控感」的重要性，不只是因為它能幫助我們應對「不合拍的人」，在我們的人生旅程中，「掌控感」更可說是獲得幸福的關鍵。

試著想想，如果我們對於人生中的一切，都認為「自己能掌握全局」、「沒關係，總會有辦法度過」，那一定是最幸福快樂、最有安全感的事。

事實上，導致人們罹患憂鬱症的主要元兇，就是「與另一半不合，深感絕望而走投無路」、「因為轉職等緣故，被過度的要求壓垮了」等問題造成的「無法控制感」。即使最後並未罹患心理疾病，人生還是會處在「看不見出口」、「有太多事要做卻無力負荷」等情境之中，承受莫大的壓力。

人類是社會性的動物，每個人的生活都是人際關係的累積。**想擺脫「不合拍的人」帶給自己的束縛和困擾、重獲自由，並非只要消除彼此關係所形成的壓力，更要讓自己在人生中一直都能擁有「掌控感」**。

看完本書之後，即使一點點也好，只要各位開始有「我或許也能做到」的想法，這就是重新取得「掌控感」的起步。就算目前實際上還做不到，一旦認清「原來如此，只要朝這個角度思考就行了」，狀況就有可能改變。衷心希望大家能因此開啟新的人生契機。

Soulmate 2

你不必和每個人都合拍

——在人際相處中保持「剛剛好」的距離，安心做自己

作　者——水島廣子
譯　者——楊詠婷
日文版插畫原作——the rocket gold star
繁體中文版插畫改編——MiLi

責任編輯——郭玢玢
設　計——耶麗米工作室
總編輯——郭玢玢

出　版——仲間出版／遠足文化事業股份有限公司
發　行——遠足文化事業股份有限公司（讀書共和國出版集團）
地　址——231 新北市新店區民權路 108-2 號 9 樓
郵撥帳號——19504465 遠足文化事業股份有限公司
電　話——（02）2218-1417
電子信箱——service@bookrep.com.tw
網　站——www.bookrep.com.tw

法律顧問——華洋法律事務所 蘇文生律師
印　製——通南彩印股份有限公司

定　價——340 元
二版二刷——2024 年 1 月

ISBN 978-626-97770-6-8（平裝）
ISBN 978-626-97770-3-7（EPUB）
ISBN 978-626-97770-2-0（PDF）

你不必和每個人都合拍：
在人際相處中保持「剛剛好」的距離，安心做自己
水島廣子著；楊詠婷譯
-- 二版. -- 新北市：仲間出版，遠足文化發行
2023.12　面；　公分. --（Soulmate；2）
譯自：「苦手な人」とのつき合いがラクになる本
ISBN　978-626-97770-6-8（平裝）

1.人際關係　2.自我肯定

177.3　　112019825